Ulrike Thimme

**Eine Bombe für die RAF**

Ulrike Thimme

# Eine Bombe für die RAF

Das Leben und Sterben
des Johannes Thimme
*von seiner Mutter erzählt*

C. H. Beck

Gesetzt aus der Centennial Light im Verlag C. H. Beck
Druck und Bindung: Pustet, Regensburg
Gedruckt auf säurefreiem,
alterungsbeständigem Papier
(hergestellt aus chlorfrei gebleichtem Zellstoff)
Printed in Germany
ISBN 3 406 51712 9

*www.beck.de*

## Inhalt

Vorbemerkung:
Alle Personen, Ereignisse und zitierten Schriftstücke in diesem Buch sind authentisch. Aus persönlichkeitsrechtlichen Gründen habe ich Familiennamen abgekürzt, soweit es sich nicht um Personen der Zeitgeschichte handelt.
Schreibung und Zeichensetzung der Briefe und Dokumente sind in den Druck übernommen worden.

U.Th.

## Mein Sohn Johannes

Fast achtzehn Jahre nach dem Tod unseres Sohnes Johannes Thimme beginne ich, etwas über sein Leben aufzuschreiben. Er wurde am 20. Januar 1985 von einer Bombe zerrissen, die er selbst gelegt hatte oder gerade legen wollte. Die Bombe galt dem Rechenzentrum der ‹Deutschen Forschungs- und Versuchsanstalt für Luft- und Raumfahrt› in Stuttgart-Vaihingen. Johannes beging diese fast allen Menschen unverständliche Tat während des bereits sechs Wochen andauernden Hungerstreiks der Gefangenen der Rote Armee Fraktion (RAF), der das Ziel hatte, verbesserte Haftbedingungen und die Zusammenlegung der politischen Häftlinge in größere Gruppen durchzusetzen.

Sinn meines Schreibens ist es zum einen, anhand der von mir aufbewahrten Fotos, Tagebuchaufzeichnungen, Briefe und anderer Dokumente mich selbst noch einmal möglichst genau an Johannes zu erinnern. Sein Leben ist ja ein wichtiger Teil meines eigenen Lebens. Zum andern möchte ich eine Spur seines Wesens für unsere Angehörigen und Freunde, auch für die der jüngeren Generation, sichtbar machen. Darüber hinaus öffnet sich Außenstehenden möglicherweise ein zusätzlicher Blickwinkel auf die nun schon der Geschichte angehörenden bewegten 70er und 80er Jahre des vorigen Jahrhunderts, wenn sie den Werdegang eines einzelnen jungen Menschen jener Zeit begleiten.

Vielleicht wird ein Schimmer vom Sinn des politischen Denkens, Handelns und Sterbens von Johannes durch meine Schilderung aufscheinen. Ich schreibe mit dem Vorsatz größtmöglicher Aufrichtigkeit und nicht etwa, um seine Irrwege zu rechtfertigen oder gar ihn zu idealisieren. Ich wünsche mir nur, daß Johannes nach seinem entsetzlichen körperlichen Tod nicht auch als Mensch tot geschwiegen wird. Daß etwas von ihm bleibt.

Wer war er? Wohin wollte er? Warum nahm er diesen Weg? Ich kann diese Rätsel nicht lösen. Ich kann nur niederschreiben, was ich über ihn weiß.

Ich beginne meine Erinnerungsarbeit in dem Bewußtsein, daß meine Sicht natürlich subjektiv ist. So schreibe ich in diesem Buch über ‹meinen Sohn Johannes›, nicht über ‹unseren Sohn›. Denn auch sein Vater, der ihm zugetan war und mit mir gemeinsam zu ihm gestanden und um ihn gekämpft und getrauert hat, betrachtet und empfindet manches anders als ich. Und Johannes' Brüder oder seine Freundinnen oder seine Genossen – alle werden zum Teil recht unterschiedliche Facetten wahrgenommen haben, weil sie ihn in anderen Situationen und Zusammenhängen erlebten als ich. Niemand ‹kennt› einen andern Menschen ganz, mag er ihm noch so nahe stehen. Und ich habe Johannes nahe gestanden, immer wieder, trotz langer Phasen großer Fremdheit.

## Kindheit

***Geburtsurkunde***
*Standesamt Erlangen – Nr. 247/1956*
*Johannes Thimme*
*ist am 29. Februar 1956*
*in Erlangen geboren.*
*Vater: Wissenschaftlicher Assistent, Doktor der*
*Philosophie Jürgen Otto Ernst Adolf Thimme, evangelisch,*
*Mutter: Doktor der Philosophie Ulrike Gertrud Thimme*
*geborene Schauer, evangelisch.*
*Erlangen, den 9. März 1956*
*Der Standesbeamte. In Vertretung* Vogel.

Mein Mann Jürgen war damals am Archäologischen Institut der Universität Erlangen tätig. Johannes war unser zweiter Sohn. Clemens wurde am 23. Februar 1955 geboren, Christian, der dritte, kam am 27. April 1957 zur Welt.
Bis 1963/64 habe ich versucht, eine Art Tagebuch über unsere drei Söhne zu führen, ihre körperliche und geistige Entwicklung, kleine Begebenheiten und Aussprüche festzuhalten und durch Fotos zu ergänzen. Leider kam ich viel zu selten zum Schreiben. Doch kann ich meine Erinnerungen durch diese größtenteils mehr als vierzig Jahre zurückliegenden Aufzeichnungen stützen. Anstatt eine zusammenfassende Charakteristik von Johannes als Kind zu versuchen, ist es, denke ich, authentischer, wenn ich Bruchstücke aus diesem ‹Tagebuch› direkt wiedergebe und damit zeige, wie ich ihn damals wahrgenommen habe, mag sich dies alles

auch recht alltäglich anhören und manchem Leser vielleicht unwichtig, da gänzlich unspektakulär erscheinen.
Da zwischen den Kindern jeweils nur ein Jahr Altersabstand lag, neigte ich bei meinen Beobachtungen gelegentlich dazu, sie miteinander zu vergleichen. Vielleicht fielen mir dadurch charakteristische Züge besonders auf. Über Johannes schrieb ich, als er ein Jahr und zehn Monate alt war:

*5.1.58 ... Als Johannes' Laufnase gar nicht besser wurde, gingen wir zur Untersuchung in die Kinderklinik, da ich Angst hatte, es könnte ihm auf die Ohren schlagen. Sie behielten ihn da! Aus der ersten Diagnose: verschleppte Bronchitis wurde dann Keuchhusten-Verdacht und endlich die Feststellung ungewöhnlich starker Wucherungen, die ihm dann samt Rachenmandeln rausoperiert wurden. 5 1/2 Wochen war der kleine Kerl in der Klinik. Da ihn täglich einer von uns beiden besuchte, war er nach den ersten Tagen dort ganz gut eingewöhnt. Am ersten Tag hatte er aus Aufregung über das ihm angetane Unrecht der Untersuchung und unseres Weggehens hohes Fieber bekommen. Die Laufnase hat er übrigens noch immer.*

Ich zitiere diese Tagebuchstelle, weil ich mich erinnere, wie schmerzlich mir diese Trennung war. Und Johannes' tiefer Kummer, wenn er später allein gelassen wurde, hing vermutlich mit dieser frühen Erfahrung zusammen. Wäre er ein Einzelkind gewesen, hätte ich wahrscheinlich – selbst in damaliger Zeit – durchgesetzt, bei ihm bleiben zu können, oder ihn einfach eher nach Hause genommen. Doch mußte ich ja auch für seine beiden Brüder sorgen. Übrigens hatte man für ihn ein großes Gitterbett in das Zimmer einer freundlichen erwachsenen Patientin gestellt, wo er oft ruhig wie im Laufstall spielte. Sie sagte beim Abschied, sie wünsche sich ein Kind wie ihn.

*5.1.58 ... Trotz gewisser schriller Wutschreie, wenn ihm etwas nicht paßt, ist er im Ganzen ein leichter zu behandeln-*

*des Kind als Clemens, aber wir glauben, eine leidenschaftlichere Natur. Kummer und Eifersucht sitzen bei ihm tiefer. Mit seinen schönen blauen Augen, seiner Weichheit (man möchte ihn immer knudeln) und seiner ruhigen Verschmitztheit gewinnt er die Herzen aller… Zu erwähnen ist noch, daß er furchtloser ist als Clemens, überall raufklettert, aber auch viel mehr hinfällt… Er hat fast immer irgendwo eine Beule.*

Auch später blieb Johannes der wildeste von unsern drei Söhnen; einmal sprang er vom Garagendach und brach sich den Mittelfuß, ein andres Mal fuhr er mit dem Rad einen steilen Schotterweg so schnell hinunter, daß er uns nach einem kurzen Urlaub mit eingegipstem Arm empfing. Doch zurück zum Zweieinhalbjährigen:

*11.9.58…Später malträtierten mich die Jungens während der Hausarbeit noch ziemlich, vor allem Christians schrilles Geschrei: «Weiter! Weiter!», was bei ihm den Wunsch, spazieren gefahren zu werden, ausdrückt, machte mich so kaputt, daß ich weinen mußte. Johannes sah es, drückte mich an sich und rief: «Ich hol dir ein Taschentuch!», brachte eins aus dem Schlafzimmer und wischte mir die Backen ab (was aber schon nicht mehr nötig war). Nachmittags war ich mit den Kindern im Wald und wir pflückten Brombeeren. Christian saß in der Sportkarre und Clemens stand immer vor den Sträuchern und getraute sich nicht ran wegen der Dornen. Christian schrie «Beerle – Beerle!». Clemens knörte. Johannes lief beherzt los, pflückte und brachte Christian Beeren, und dann sogar Clemens: «Hier, Clemetz, hast du auch welche, ich pflück dir welche.»*

*4.11.58. Johannes hatte neulich einen leisen Anfall von Weltschmerz. Er weinte im Bett vor sich hin und machte mich dann darauf aufmerksam: «Mami, ich wein'!» Ich: «Warum weinst du denn?» Er, laut und echt weinend: «Ich wein', weil ich so taubig bin!» Er war richtig trostbedürftig. Ich hoffe, er wird nicht ein kleiner Melancholiker, sondern es war nur Müdigkeit.*

Zum 1.März 1959 bekam Jürgen eine Stelle als Leiter der Antikenabteilung am Badischen Landesmuseum in Karlsruhe.Ich war mit den Kindern vier Monate allein in Alterlangen.

*22.6.59 ... Johannes, um den ich mich vielleicht nicht immer genug gekümmert habe, weil er so ruhig und harmonisch wirkt, ist augenblicklich in einem etwas gespannten Stadium, das sich darin zeigt, daß er zeitweise stark stottert. Die Konkurrenz mit den beiden ihm im Alter so nahen und so außerordentlich lebhaften Brüdern hat ihn vielleicht zu sehr angestrengt, weil er seinem ganzen Wesen nach langsamer ist (ich glaube aber, nicht dümmer). Dazu kommt, daß er enorm an Jürgen hängt und ihm der Vater sehr fehlt. Jedenfalls regt er sich an den Wochenenden aller vierzehn Tage, zu denen Jürgen erwartet wird, immer besonders auf, hält sich dann (ganz still im Bett liegend) stundenlang wartend wach und stottert meist mehr als im gewöhnlichen Alltag.*

Das Bild, wie der Dreijährige nach einem erneuten Abschied vom Vater den Unterarm vors Gesicht legt, sich stumm zur Hauswand dreht und den Kopf anlehnt, habe ich noch heute deutlich vor Augen.

*Grötzingen, Ende Juli 1959 ... Wir haben hier in der Nähe von Karlsruhe in wunderhübscher Umgebung eine Wohnung gefunden. Wir sind sehr froh, daß die Kinder weiter in viel freier Natur aufwachsen. Sie bekommen dadurch viele Dinge ganz selbstverständlich mit, Baum- und Blumennamen, Steine, Tiere ...*

*15. Nov. 59 ... «Sportlich» ist er trotz seines enormen Gewichtes viel mehr auf der Höhe, läuft locker, kann gut Ball fangen und den hoch geworfenen Ball aus der Luft mit dem Fuß kicken... Johannes ist ganz furchtlos, brachte z.B. öfters Clemens zu Wielands, der sich auf dem kurzen Weg vor Handwerkern draußen oder einem Hund hinter einem Gartenzaun fürchtete. Er ging auch öfters allein den Hohlweg hinterm Haus hinauf und suchte mit einem kleinen Eimer, dessen Boden dann gerade bedeckt war, für Papi oder für Christian Brombeeren. Wenn er sich das vornahm, aß er selbst unterwegs keine einzige und war sehr stolz auf sein Ergebnis... Er war recht eifersüchtig, als ich Clemens öfters für sein Bauen lobte. Clemens' Bauten haben immer eine gute und sinnvolle Form und sind genau überlegt, ob es sich nun um Doppelgaragen, Kirchen, eine Burg oder durchbrochene Mauern handelt. Johannes versuchte es auch, brachte aber meist nur recht additiv-skurrile Dinge zustande. Ich habe ihn dann getröstet, daß er ja so gut kicken und Brombeeren suchen könnte. Das hat ihm anscheinend eingeleuchtet.*

Ein halbes Jahr später berichte ich wieder über die Konkurrenz zwischen den beiden Brüdern, die um die Anerkennung durch einen älteren Nachbarsjungen wetteifern:

*Einer der beiden blüht sozusagen immer nur auf Kosten des anderen auf.*

*29. Januar 61. Bei Johannes hat sich eine ausgesprochene Begeisterung (und ich glaube auch Begabung) für das Zeichnen mit Buntstiften und fürs Ausschneiden herausgestellt. Gestern hat er sich eine ganze Reihe Figuren – Clown, Teufel, Gespenst, Junge, Kasper – gezeichnet und ausgeschnitten. Ich habe sie ihm auf seinen Wunsch mit Stecknadeln als Fries übers Bett gepinnt, es sieht lustig aus, und er ist sehr stolz darauf. Besonders nett sind immer seine Erklärungen: «Der Junge verkleidet sich zum Fasching. Weißt warum? Weil er schon einen braunen und einen schwarzen Schuh anhat.» «Das Gespenst ist größer, dann ist das der Häuptling, und der Teufel ist sein Knecht.» Während ich jetzt schreibe, sitzt er ganz ruhig am Tisch und zeichnet Jungen auf Schlitten. Ich habe den Eindruck, daß Johannes dadurch, daß er nun etwas kann, was die andern nicht können, innerlich befriedigter und selbstbewußter wird.*

In dem selben Tagebucheintrag schreibe ich aber auch im Zusammenhang mit Christian, den mehrere meiner Freundinnen notfalls mal ein paar Tage zu sich nehmen würden:

*... während sie bei Johannes, der sehr düster und unzugänglich sein kann, Bedenken hätten. Johannes ist komplizierter und empfindlicher, findet öfter, daß «alle bös zu ihm» sind, wenn dafür wirklich kein Grund vorliegt. Vielleicht ist seine Melancholie irgendwie körperlich bedingt, er ist ja sehr groß und schwer für sein Alter, braucht viel Schlaf, den er oft durch die ihn störenden Brüder nicht bekommt.*

Außerdem erwähne ich, daß ich jeden Abend mit den Kindern beim Adventskranz und der sich im Kerzenlicht drehenden erzgebirgischen Krippe gesungen habe, alle drei aber leider recht unmusikalisch zu sein scheinen. Dies schloß ich daraus, daß keiner die Melodie richtig halten konnte. Andrerseits hatte Johannes einen Sinn für Musik und liebte es, wenn ich abends die Kinderzimmertür offen ließ und im Wohnzimmer eine Platte auflegte, wobei er zum Einschlafen Vivaldi bevorzugte. Und viel später, als er Querflöte spielte, stellte sich heraus, daß er gar nicht unmusikalisch war. Ich schließe den Bericht am gleichen Tag mit der Selbsterkenntnis:

*Wir haben viel Freude an unsern Kindern, wenn sie uns auch weiter recht anstrengen. Dadurch, daß sie nachts oft mal wach werden und wir selber dann nicht ausgeschlafen sind, sind wir natürlich am Tage gereizter und empfindlicher gegen das Trommelfeuer, als es nötig wäre.*

Eineinhalb Jahre später, Johannes ist nun sechs Jahre alt, notiere ich:

*21.11.62 ...Hier sind die Bilder vom Sommer. Wir haben viel im nachbarlichen Garten bei Jordans gebadet und im Durlacher Bad geschwommen. Clemens und Johannes sind vollkommen vertraut mit dem Wasser, tauchen, springen kopfüber hinein und schwimmen ein paar Stöße... Außerdem haben beide jetzt dicke Turnschuhe, Attribute der Männlichkeit, und gehen im nahen Sportverein «ins Turne», Johannes besonders eifrig und regelmäßig.*

Im Jahr 1963 bin ich nur ein Mal zu einem Eintrag in das ‹Tagebuch› gekommen. Johannes' Schuleintritt ist zum Beispiel gar nicht erwähnt, nur mit einem Foto – stolz mit Zukkertüte – belegt. Aus finanziellen Gründen hatte ich eine größere Buchübersetzung übernommen und war im übrigen mit dem Fünf-Personen-Haushalt hinlänglich beschäftigt. Außerdem zogen wir im Dezember 1963 nach Ettlingen um, so hat mir oft die Zeit für Notizen gefehlt.

*Ettlingen, 5. April 1964 ...Johannes hat sich schwerer von Grötzingen getrennt. Er weinte schon bitterlich, als ich ihm sagte, wir würden fortziehen. Er hatte gute Freunde dort, Bahnwärtersöhne, mit denen er ungebunden draußen spielte. Das Einleben hier wurde dadurch noch erschwert, daß er in Grötzingen in der Schule die Ganzheitsmethode hatte, die ihm sehr lag und mit der er gut, ja fast zu mühelos in der Schule mitkam, während hier noch die alte Buchstabenmethode angewandt wird. Er hatte dadurch einiges nachzuholen und hat zu seinem großen Mißvergnügen in Deutsch einen Vierer. Ich denke aber, er wird bald aufgeholt haben...*

*Zum Fasching hatte sich Johannes selber ein nettes Kasperlekostüm gemacht, bemalte, spitze Mütze, Halskrause, Maske. Beim Entwerfen und Ausführen solcher Sachen ist er immer ganz in seinem Element. Auch draußen, beim*

*Bauen von «Hüttlen». Letzten Sommer hat er eine Nacht im Garten in einem selbst gebastelten Zelt verbracht, zusammen mit dem Sohn unseres Grötzinger Hauswirts (Clemens kapitulierte abends um 10 Uhr)...*

In der Grundschule hat sich Johannes dann bald zurecht gefunden, so daß er beim Übergang ins Ettlinger Eichendorff-Gymnasium drei Jahre später ausschließlich gute Noten hatte, wie ich seinem durch Zufall erhaltenen Zeugnisheft entnehme. Seine Leistungen hielten sich ohne dramatische Schwankungen auf ordentlichem, bisweilen auch gutem Niveau bis zu seinem Eintritt in die Oberstufe.

Die Schulzeugnisse, denen ich meiner Erinnerung nach damals nicht allzu viel Bedeutung beigemessen habe und die ich heute zum ersten Mal wieder lese, scheinen mir im Nachhinein die Erfahrungen und Begegnungen in Johannes' Kindheit und Jugend, soweit ich von ihnen Kenntnis habe, zu bestätigen: Ängste und Unsicherheiten, kreative Phasen, Ehrgeiz, Verliebtheit, politisches und soziales Interesse, Enttäuschung und Leistungsverweigerung und schließlich der Wunsch, ein Jahr nach Amerika zu gehen – und daher die Arbeit wieder aufzunehmen... Vieles ist mir jetzt wieder eingefallen, nicht in chronologischer Reihenfolge natürlich, aber es wird mir doch ermöglichen, den Verlauf seiner Kindheit und Jugend in etwa zu skizzieren.

Im Mai und Juni 1964, haben wir – ahnungslos – dem achtjährigen Johannes eine sehr schmerzliche Zeit zugemutet. Jürgen hatte vom Holle Verlag den Auftrag, in der Reihe ‹Kunst der Welt› über die Kultur der Kykladen zu schreiben; ihm wurde eine Reise nach Athen und auf die Kykladeninseln so gut finanziert, daß ich einen Teil der Zeit dort mit ihm verbringen konnte. Christian wurde von Jürgens Mutter in Ettlingen gehütet, Clemens in einem Kinderheim im Schwarzwald untergebracht, und Johannes sollte die Wochen bei seiner Patentante Ina und ihren fünf Kindern auf ihrem Gut an der Mosel verleben. Leider bekam er dort offensichtlich schier unstillbares Heimweh.

Am 7.5.64 schrieb meine Freundin Ina:

*Euer süßer Johannes ist so tapfer, er tut sich ziemlich schwer, der arme Hase. Neulich kamen mir selbst die Tränen, wie ich ihn tröstete am Morgen vorm 1. Schulgang. Ich sagte, er solle sich was wünschen, der Wonnige sagte, er wüßte genau was, aber es wäre zu groß. Es waren dann Rollschuhe, und er hat sie und ist glücklich mit ihnen, meinte neulich: «Ich will nicht zu viel mit den Rollschuhen fahren, sonst denken alle, es wären geerbte.» Wir haben's noch nicht ganz geschafft, aber er erzählt schon mehr von sich aus... aber heute und gestern weinte er morgens im Bett... Bitte schreib ihm bald und oft, er frug schon am 1. Tag nach Post, wartet sehr, vor allem auch auf die Marken!!!*

Wir waren natürlich sehr besorgt, als wir endlich diesen Brief erhielten. Ina machte sich keinerlei Vorstellung von den Post- und Verkehrsverhältnissen auf griechischen Inseln damals. In ihrem nächsten Brief schrieb sie:

*Anfangs sagte er häufig, er wäre ja viel lieber im Kinderheim, und als ich frug warum, sagte er ganz klar: «Da hätte ich meinen Bruder», lenkte dann jedoch ein: «Aber bei dir ist's ja viel billiger!» – womit er ja nicht ganz Unrecht hat.*

Er vermißte also auch Clemens, mit dem er sich sonst recht häufig stritt. Das Heimweh hatte sich nicht gelegt, und der Aufenthalt wurde nach ein paar Telefonaten von Jürgens Schwester Annelise beendet, die Johannes nach Ettlingen holte, wo er mit Christian von der Großmutter bis zu meiner Rückkehr Mitte Juni betreut wurde.

Der glückliche Johannes schrieb:

*Liebe Mutti und liber Vati*

*Hier ist es viel schöner als in Serrig. Ich geh hier schon*

*wider in die Schule. Ich kahn schon gut Rollschuhfahren. Christian hat von Oma einen Panzer bekommen Clemens weiß noch nicht, daß ich wider in Ettlingen bin aber ich schreibe ihm bald*
*Viele Grüße Euer Johannes.*

Zu dem Panzer sei erwähnt, daß Jürgen und ich unsern Kindern grundsätzlich kein Kriegsspielzeug schenkten. Jürgens Schwester Annelise, in der Psychologie wohl bewandert, fand das übertrieben. Jedes Kind brauche gewisse Symbole des Kämpfens und der Stärke, ohne davon militant zu werden. Sie schenkte den Jungen Cowboypistolen zum Fasching. Und ihre gute Mutter setzte nun mit dem Panzer noch eins drauf.

Ein Jahr später, im Oktober 1965, ist von Heimweh keine Rede mehr, als Johannes und Christian die Herbstferien in Hannover bei meiner Cousine und ihrer Familie im Pfarrhaus verbringen. Johannes schreibt zwei ausführliche Briefe mit lustigen Illustrationen. Im ersten schildert er einen Besuch im Circus Krone, im zweiten äußert er bereits seine Wünsche für die Empfangsmahlzeit zu Hause:

*…Hast du auch einen Kuchen? Ich habe nämlich sehr viel Hunger wenn ich zurückomme. Es soll Schnitzel geben und zum Nachtisch Annanas mit Schlachsahne. Vergiß es nicht. JOHANNES!*

Dazu malt er einen Teller mit dampfendem Fleisch und einen zweiten mit gelben Früchten und einem weißen Schaumberg darüber.

Im selben Jahr verfaßte er auch eine 32-seitige illustrierte Erzählung: ‹Jim und seine Abenteuer›. Jim ist ein schwarzer Junge aus Amerika, der zusammen mit seinem deutschen Freund Kai viele – anschaulich geschilderte – Geschichten erlebt, unter anderen eine vom Angeln. Johannes' Wunschtraum, selbst zu angeln, bestand also wohl bereits. Er wurde später, leider nur für kurze Zeit, erfüllt.

Auch gibt es eine in Pappe geheftete Bildergeschichte von Johannes, ‹Die Bärenjagd›. Bei uns waren Comics verpönt, wahrscheinlich weil uns selbst der ästhetische Sinn dafür fehlte. Für ‹so etwas› wurde bei uns kein Geld ausgegeben. Die Jungens lasen natürlich geliehene Hefte; und dann fertigte Johannes selbst einen Comic an: In über siebzig liebevoll – übrigens nicht in Comic-Manier – gezeichneten Einzelbildern mit unzähligen Sprechblasen erleben die drei Freunde John, Pewe und Tom (Johannes' Schulfreunde hießen Thomas und Peter) Kämpfe mit Indianern, fassen einen Räuber und erlegen einen Bären. Erstaunlich war die Geduld, mit der er, ohne die Lust zu verlieren, sein Vorhaben durchführte.

Ich erinnere mich auch an ein Plakat für «Brot für die Welt», das wohl 1967 entstand. Ein Wettbewerb war in Karlsruhe von der Kirche ausgeschrieben worden, und Johannes gewann einen 1.Preis. Sein Bild zeigte Berge von Konsumgütern, detailliert ausgemalt und kontrastiert mit kargen Hütten in der Wüste. Wir wollten nach Ablauf der Ausstellung in irgendeinem Gemeindezentrum das Bild abholen, es wurde uns, nach langem Suchen in Schränken und Schubladen, schließlich ausgehändigt, eingerissen und zerknittert.

Johannes war enttäuscht und hat es zerrissen.

Ein entzückendes Leporello für mich zu Weihnachten 1965 und ein Kalender mit zwölf liebevoll ausgemalten Bildern für seine Großmutter zeugen von der mir heute schier unerschöpflich erscheinenden gestalterischen Phantasie und der Geduld des Neunjährigen. Dabei war er ja keineswegs ein Stubenhocker. Seine ganze Schulzeit hindurch überwiegen die Einser in «Leibesübungen» in seinen Zeugnissen.

Einmal hatte er – ich denke, er war damals acht Jahre alt – bei einem Nachbarsjungen im Fernsehen den berühmten Pantomimen Marcel Marceau gesehen und war tief von ihm beeindruckt. Und dann war ein Gastspiel von Marceau in

Karlsruhe plakatiert und ich versprach Johannes, mit ihm hinzugehen. Ich glaube, er war vorher nie im Theater gewesen. Den ganzen Nachmittag über blieb er in der Wohnung, wohl in der Furcht, daß ihm draußen noch irgendetwas passieren könnte. Im Zuschauerraum saß er neben mir in seinem dunkelgrünen Niki-Pullover, aus dem ein weißer Polohemdkragen guckte, ich sah sein Profil, den schönen Hinterkopf mit dem glatten Haar, die runde Wange, das Auge auf den geschlossenen Vorhang gerichtet. Musik ertönte. Johannes wendete mir sein strahlendes Gesicht zu und sagte in glücklichem Wiedererkennen: «Vivaldi!» Ein Herr in der Sitzreihe vor uns drehte sich um, um dieses Kind zu betrachten, das er möglicherweise für einen gräßlichen frühreifen Snob hielt. Ich habe den wundervollen Abend wahrscheinlich deshalb so genau in Erinnerung, weil ich fast nie mit einem unserer Söhne allein etwas unternehmen konnte... Jürgen machte übrigens ein paar Jahre später einen Versuch mit Johannes in der Oper – Othello. Er fand die ganze Vorstellung aber einfach nur wahnsinnig komisch.

Als Johannes zehn Jahre alt war, habe ich mich eine Zeitlang sehr um ihn gesorgt, weil er gelegentlich kurze Absencen am Tag und in der Nacht Wachträume hatte, in denen er verängstigt durch die Wohnung lief und bei uns Schutz suchte. Nach ausführlichen neurophysiologischen Untersuchungen schloß man auf eine Narbe in der Hirnrinde. Johannes nahm von da an täglich zwei Tabletten Zentropil, durfte weiter Sport treiben, sollte aber Situationen, in denen eine plötzliche Bewußtlosigkeit zur Gefahr werden konnte (Rad fahren im Verkehr, Klettern, Schwimmen ohne Erwachsene in der Nähe), vermeiden, was bei diesem Jungen mit seinem starken Bewegungsdrang natürlich kaum zu bewerkstelligen war. Die Absencen am Tag traten nie mehr auf, die nächtlichen «Dämmerattacken», wie man sie nennt, nur noch sehr selten. In unserm Ferienhaus im Tessin hat er sich dabei selbst Licht angeknipst, beim zweiten Mal sogar seine Hausschuhe angezogen und ist durch das ganze Haus zu uns gelaufen. Er war auf eine mir unheimliche Weise verstört, nicht ganz bei sich, sprach, suchte seine Ängste auszudrücken, zitterte, hatte aber keine Gliederverkrampfungen. Doch war es mehr als nur «ein schlechter Traum», wie man ihn bei Kindern ja häufig erlebt. Ich konnte Johannes im Arm halten, mit ihm sprechen, und er war trotzdem ganz weit weg... Fast eine Analogie zu später.

Ich habe ihn von da an in den nächsten Jahren wohl immer etwas mehr im Auge gehabt als seine Brüder. Es galt zu beachten, daß er nicht auf einmal zu viel und schnell trank, daß er genügend Schlaf bekam, regelmäßig seine Tabletten nahm, daß eventuell auftretendes Fieber möglichst gleich gesenkt wurde. Auch mußten alle Vierteljahre ein Blutbild und ein EEG gemacht werden. Im ganzen beruhigte uns aber der behandelnde Arzt. Er habe viele Fälle erlebt, wo Narben dieser Art, nachdem man die Anfälle durch Einnehmen von Zentropil über mehrere Jahre unter Kontrolle gebracht habe, sich später nicht mehr ausgewirkt hätten. Und so war es dann glücklicherweise auch.

Als wir mit den Kindern 1967 auf der Insel Pellworm waren, hatte Johannes allerdings noch einmal einen Rückfall und war selber wegen seines Zustands entmutigt und weinerlich – und ich entsprechend besorgt. Nach mehreren Telefonaten mit Freiburg wurde auf ärztlichen Rat das Medikament gewechselt. 1972 konnten die Tabletten dann ganz abgesetzt werden.

Der Urlaub wurde für Johannes ein großes Erlebnis, weil er einen alten Angler kennenlernte und ihm so lange und oft zusah und ihn ausfragte, daß der freundliche Mann ihm eine Angel anfertigte, mit der Johannes dann schließlich sogar einen Aal fing, eine Seltenheit dort. Der brummige Krabbenfischer, bei dem wir wohnten, zollte ihm widerwillig Respekt und räucherte den Aal für uns als Festmahlzeit.

# Jugend

Johannes wollte natürlich, nachdem wir wieder in Ettlingen waren, weiterhin angeln gehen; die Leidenschaft dafür hatte ihn gepackt. Aber man kann sich kaum vorstellen, welche bürokratischen Schwierigkeiten zu überwinden sind, bis in Deutschland ein Elfjähriger eine Angel ins Wasser tauchen darf. Das ist nur mit Angelschein und im Beisein Erwachsener und in bestimmten Gewässern möglich, lernte ich, und man muß natürlich Mitglied eines Vereins sein. Im zwanzig Kilometer entfernten Rastatt gelang es mir endlich, ihn im Anglerverein anzumelden. Aber wer sollte ihn dort betreuen und überwachen? Wie sollte er dort überhaupt hinkommen? Wir hatten damals noch kein Auto. Und nach ein paar Versuchen gab Johannes dann irgendwann auf.

Wahrscheinlich ein Jahr später traten wir in den Skiclub Ettlingen ein, der ganz in der Nähe unserer Wohnung auch zwei Tennisplätze betrieb. Die Jungen wurden dort freundlich gefördert und spielten alle drei nicht schlecht, Clemens und Johannes bestritten sonntags auswärts Turniere in andern Vereinen und waren beide recht ehrgeizig. Schlimm habe ich in Erinnerung, wie sie einmal im Clubturnier in der Vorschlußrunde gegeneinander antreten mußten. Ich versuchte, sie vorher ein wenig zu beruhigen: Einer kann ja nur gewinnen, man muß auch verlieren können und so weiter – mit dem Ergebnis, daß Clemens äußerte: «Wenn Johannes gewinnt, häng ich mich am Schiedsrichterstuhl auf.» Dazu kam es glücklicherweise nicht, denn Johannes verlor.

Beide Jungen hatten aber nach und nach das Gefühl, daß im

Zusammenhang mit dem vereinsmäßig betriebenen Sport etwas Ungutes für sie ablief, und als sie in der Pubertät waren, wurden sie rebellisch, blieben dann den obligaten Auswärtsturnieren fern, wollten sich vom Club nicht einengen lassen, nicht ‹auf Befehl antreten›. Das wurde ihnen dort, wo man ja einiges in der Ski- und Tennisausbildung für sie getan hatte, sehr übelgenommen. Man drohte mit Rausschmiß. Auch für mich war dies eine prekäre Situation. Ich konnte versuchen, meinen Söhnen zuzureden, ihnen befehlen konnte ich nicht.

Als Mutter nimmt man Veränderungen, die mit dem Übergang der Kinder in die Pubertät einhergehen, nicht punktuell bewußt wahr, besonders wenn es sich um drei Jungen handelt, die im Alter nahe beieinander sind. So könnte ich also nicht mehr sagen: Von diesem Zeitpunkt an hat mir der eine nicht mehr alles geglaubt, oder von jenem Tag an konnte ich beim andern bestimmte Dinge nicht mehr durchsetzen. Und so kann ich auch von Johannes einige Reaktionen und Aktivitäten nicht mehr zeitlich genau einordnen, obwohl ich Einzelheiten lebhaft in Erinnerung habe.

Um das Jahr 1970 herum wurde in der Familie viel mehr diskutiert als früher. Von den Jungen – sie waren nun 13, 14 und 15 Jahre alt – wurden bisher selbstverständliche Dinge in Frage gestellt; sie waren von Menschen beeindruckt, deren Meinung sie als ihre eigene wiedergaben, von denen sie oft auch Neues lernten.

Als besonders problematisch empfand ich damals, daß die Konfirmandenzeit in diese Altersphase fiel. Jürgen und ich, beide aus Familien stammend, in denen ein Großvater Theologe war und in denen es noch heute einige Pastoren gibt, hatten nach der Überwindung unserer eigenen Jugendzweifel ein konventionelles, leicht distanziertes Verhältnis zur Kirche gewonnen. Wir waren kirchlich getraut und hatten unsere Kinder selbstverständlich taufen lassen. In den ersten Jahren unserer Ehe wurde vor den Mahlzeiten ein Tischgebet gesprochen. Mit dem Pfarrer Hans-Peter Alt und seiner Frau, der die beiden jüngeren Söhne in Alterlangen taufte, waren und blieben wir befreundet.

Doch will man einem Dreizehn-/Vierzehnjährigen klar machen, aus welchen Gründen er sich der Kirche verpflichten soll, gerät man in Schwierigkeiten. Besonders mit der Vermittlung des Inhaltes vom Glaubensbekenntnis der Evangelischen Kirche waren wir als Eltern und war offensichtlich auch der Pfarrer überfordert. Das hatten wir im Jahr vorher schon mit Clemens erlebt, und es wiederholte sich mit Johannes 1969/70 (und ein Jahr später mit Christian). Jürgen versuchte ihnen zu erklären, daß man die Sprache der Bibel nicht wortwörtlich nehmen, sondern die Geschichten als Bilder verstehen müsse. Mit der Sprache im Gottesdienst, in vielen Chorälen und im Kirchenblättchen wurde ihm das dann aber selbst schier unmöglich. Ich argumentierte mehr mit den Grundregeln des Christentums, mit der Nächstenliebe, dem Vergebenkönnen, der Dankbarkeit der Schöpfung gegenüber.

Wir hatten allen drei Söhnen freigestellt, sich konfirmieren zu lassen, bestanden aber auf dem Konfirmandenunterricht, damit sie kennenlernen sollten, was sie dann eventuell ablehnen würden. Wir kündigten auch von vorn herein an, daß die Konfirmation bei uns nicht als ein riesiges Geschenkfest, sondern sehr schlicht gefeiert werden würde. Wir kamen uns liberal vor, gingen sonntags mit in die Kirche, diskutierten mit dem Pfarrer. Aber im Grunde sagten auch uns die Gottesdienste wenig und wir wurden gelegentlich mit dümmlicher Heuchelei konfrontiert, beschwichtigten uns und die Söhne dann aber immer wieder, daß diese ja von den unvollkommenen Menschen und nicht von Christus käme. Wir hingen zu stark in unsern Traditionen, um auch für uns selbst konsequenter die Unterscheidungen zwischen

Christentum, Kirche und eigenem Glauben treffen zu können. Ohne daß dies explizit zur Sprache gekommen wäre, sind wir in dieser Zeit unsern Söhnen wohl ein wenig unglaubwürdig geworden – und uns selbst vielleicht auch. Alle drei haben sich dann – jeder nach Beratungsgesprächen mit einem Außenstehenden (bei Johannes war es sein früherer Religionslehrer) – doch konfirmieren lassen, sind aber fortan der Kirche ferngeblieben.

Es gibt Fotos von Johannes' Konfirmationstag. Auf einem steht er zwischen Jürgen und mir – bereits etwas größer als wir – im dunklen (von Clemens geerbten) Blazer, uns lächelnd unterhakend auf dem Balkon der Ettlinger Wohnung in der Schubertstraße. Sein Haar ist ordentlich gebürstet, wenn auch für damalige Verhältnisse recht lang, nämlich nicht ohrenfrei. Auf einem andern Foto des gleichen Tages sieht man Clemens mit bereits voluminöser Löwenmähne.

Man kann sich heute wohl kaum noch vorstellen, mit welcher grundsätzlichen Ernsthaftigkeit, manchmal gar Wut damals die Haarlänge der Jungen von Eltern, Lehrern und andern Personen zum Thema gemacht wurde. Nicht nur der Konventionelle wehrte sich gegen das Neue, nicht nur der Glatzköpfige neidete dem Jüngeren dieses Zeichen seiner Kraft. Es muß ein Instinkt gegen die Unordnung, ja möglicherweise gegen die heraufziehende Rebellion gewesen sein, der sich, vielleicht nicht ganz ohne Grund, regte. Ich gestehe: Als Clemens sich ein Zeitungsfoto von Fritz Teufel und Rainer Langhans übers Bett pinnte, war auch ich nicht gerade begeistert von diesem neuen Ideal. Die Pilzköpfe der Beatles früher hatte ich amüsiert als einen Gag, als ein Markenzeichen genommen, dagegen spürte ich nun sehr wohl, daß Langhans mit seinem irren Wuschelkopf einen Ausdruck für den Bruch mit allen bürgerlichen Konventionen suchte. Clemens wußte vielleicht schon mehr davon, als er sich seine dichten Locken nicht mehr schneiden ließ. «Daß die Frau Doktor das duldet», hörte ich einmal jemanden im Tennisclub sagen. Ich versuchte, es in einer Mischung aus Liberalität und Ohnmacht lässig als vorübergehenden Jugendspleen zu nehmen. Johannes ließ sich natürlich auch die Haare wachsen, sie gerieten aber, leicht wellig-zerfasert und schnell fettend, nicht sehr lang.

Aus dem gleichen Jahr, 1970, gibt es Fotos von ihm, auf denen Johannes einen dunklen, breitkrempigen Hut trägt. Wir waren wieder im Tessin im Haus von Jürgens Cousin Uli Thimme, diesmal mit seiner Familie zusammen. Johannes blickte bewundernd zu dem etwas älteren Cousin und seiner Schwester Moni auf. Moni gestaltete Modeschmuck aus Silberdraht und brachte Johannes die Grundfertigkeiten dafür bei. Er führte dieses Hobby geschickt und einfallsreich auch in Ettlingen fort, verdiente sich Geld damit, zum Beispiel indem er einen Satz Ohrringe dem Verkaufsleiter im Kaufhaus Schneider anbot, der sie tatsächlich übernahm und sogar nachbestellte. Johannes schenkte mir Ohrclips und ein Armband, das ich ihm leider wieder überließ, als er später Geschenke für seine amerikanische Familie brauchte, und ein Halsband zu Weihnachten. Es kratzte etwas, und ich bat ihn es zu ändern. Vielleicht war er enttäuscht, daß ich an dem kunstvoll für mich gearbeitetem Stück herummäkelte. Ich bekam es jedenfalls nicht mehr zurück und es tat mir, auch später noch, leid, ihn vielleicht gekränkt zu haben und diese beiden Erinnerungsstücke an ihn nicht mehr zu besitzen.

Wie in den meisten Familien mit Kindern in diesem Alter gab es natürlich auch bei uns Diskussionen über die Erfüllbarkeit von Wünschen, über Geld und über Kleidung. Irgendwann, ich denke, 1970, führten wir in wechselseitigem Einvernehmen ein – auch damit sie lernten, mit Geld umzugehen –, daß jeder der Jungen fünfzig Mark Taschengeld monatlich bekommen sollte, davon aber auch alles selbst bezahlen mußte – Schulsachen, Kleidung (außer der

Grundausstattung), Kino, Konzerte und was sonst ein Junge so brauchte. Johannes überraschte uns bald in einem schwarzen Langarmhemd und roter ärmelloser Weste und einer langen Halskette mit Anhänger. Es lag ihm also daran, auf eine originelle Weise gut auszusehen. Zu dieser Zeit hatte er wohl auch seine erste Freundin. Er deutete mir nach einigen Monaten jedoch an, daß jene Dagmar sich seiner Liebe noch nicht recht gewachsen fühlte. Er bekam Briefe von ihr. Das Briefgeheimnis in der Familie wurde von mir stets strikt respektiert.

Vieles hat Johannes in dieser Zeit des Heranwachsens erlebt, das mir jetzt wieder ganz gegenwärtig wird (von manchem anderen habe ich sicher nie eine Ahnung gehabt).

Ein schönes graphisches Blatt, das ihm Emil Schumacher 1972 geschenkt hat, erinnert mich daran, daß Johannes gelegentlich – wie auch seine Brüder – im Badischen Kunstverein aushalf, wenn dort vor einer Ausstellungseröffnung eine kräftige und geschickte Hilfskraft zum Transportieren, Halten und Nageln gebraucht wurde. Meistens gab es ein paar Mark dafür. Die Begegnung mit Schumacher muß etwas Besonderes gewesen sein, so daß es zu diesem ungewöhnlichen Geschenk kam. Acht Jahre später, nach seiner ersten Haftzeit, sollte Johannes den Kunstverein in ganz anderer Funktion aufsuchen.

Ich glaube durch eine Schallplatte von Jethro Tull, – Living in the Past –, einer Art Crossover von Barockmusik in moderner Instrumentation, erwachte in ihm der Wunsch, Querflöte zu lernen. Da wir erst einmal abwarten wollten, ob er ernsthaft dabei bleiben würde, und finanziell nicht in der Lage waren, ihm gleich ein teures Instrument zu kaufen, lieh er sich zunächst eine Flöte und durfte sich bei einem Herrn H., der in unserer Straße wohnte und Musikunterricht gab, anmelden. Es machte ihm so viel Spaß und er kam so gut voran, daß er sich bald mit seinem selbst verdienten

Geld und vermutlich einem Zuschuß von uns und meiner Schwester Toni, die Musikerin und sehr großzügig war, second hand eine Silberflöte kaufen konnte. Christian lernte übrigens bei demselben Lehrer, einem ganz unspektakulären Musiker, aber recht originellen Mann, der sich sowohl mit Yoga wie mit Novalis befaßte, für fünf Mark pro Stunde Gitarre. Ich weiß nicht mehr, bei welchem der beiden Brüder der Wunsch, selbst zu musizieren, zuerst erwacht war. Immerhin hatte Johannes damals auch ein Schülerabonnement für die Generalproben des Symphonieorchesters am Badischen Staatstheater.

Außerdem wurden natürlich die Beatles gehört, Wolf Biermann – ‹Oh, laß dich nicht verbittern in dieser bittren Zeit› –, Simon und Garfunkel, F.J. Degenhardt. Von ihm erinnere ich nicht nur die ‹Schmuddelkinder›, sondern könnte wahrscheinlich noch heute den Text über den verschmitzten indianischen GI ‹P.T. aus Arizona› nahezu auswendig singen, der mit Hilfe einer Karlsruher Puffmutter über die Grüne Grenze nach Frankreich desertiert, als er «mit den andern nach Vietnam» soll. Auch das Berliner Satire-Genie Wolfgang Neuss fand ich witzig. Da der Dual-Plattenspieler im Wohnzimmer, in dem sich auch mein Schreibtisch befand, damals unsere einzige Musikanlage darstellte, bekam ich alles mit einschließlich des Gestöhns von Jane Birkin ‹Je t'aime›, was ich eher degoutant fand. Glücklicherweise war die Platte nur geliehen …

Johannes hat viel und mit Freude musiziert, in der 11. Klasse auch im Schulorchester, wie ich dem Zeugnisheft entnehme. Ich erinnere mich an ein Benefiz-Konzert, das die Schüler mehr oder weniger von sich aus in der Aula des Eichendorff-Gymnasiums veranstalteten, um Geld zu sammeln, nachdem in den Musiksaal der Schule eingebrochen und eine wertvolle Anlage gestohlen worden war. Johannes spielte dabei u.a. auch Saxophon – wochenlang hatte er in unserm Souterrain auf diesem Instrument geübt; es war im ganzen Haus gut zu hören.

Wahrscheinlich ist es bei vielen Heranwachsenden so, aber es ist für mich im nachhinein fast verblüffend, wie viele Interessen Johannes gleichzeitg mit ziemlicher Intensität verfolgte. Eine Zeitlang ging es mit Verve um die Gründung eines autonomen Jugendzentrums. Das schon bestehende «Spechtennest» in Ettlingen, mit dem es – aus welchen Gründen auch immer – abwärts gegangen war, wollten die Jugendlichen in eigener Regie übernehmen. Nach Meinung von Johannes und seinen Freunden war all dem, was sie in ihrer Freizeit eigentlich machen wollten, bisher zu wenig Spielraum gegeben worden. Sie lehnten es ab, sich soviel dreinreden zu lassen. Entsprechende Organisationspläne wurden entwickelt, Schriftsätze verfaßt, mit der Stadtverwaltung verhandelt, wohl auch Demonstrationen veranstaltet. Nach monatelangem Bemühen aber scheiterte der Plan, wahrscheinlich aus Gründen der Aufsichtspflicht, oder er wurde in so verwässerter Form umgesetzt, daß Johannes das Interesse verlor.

Bei dieser Gelegenheit hatte er wohl zum ersten Mal versucht, im politisch-sozialen Bereich, im weitesten Sinne des Wortes, etwas praktisch zu bewirken. Theoretisch wurden unsere Jungen schon seit einiger Zeit in ihrer sogenannten Basisgruppe politisch aufgeklärt. Ein paar Schüler aus der Oberstufe brachten Jüngeren etwas über die Nazizeit, über Kapitalismus, Imperialismus und autoritäres Verhalten bei. Ich kann mich nur an einen der Oberstufler namens Bernd S. erinnern, einen sympathischen Jungen, der später, glaube ich, Medizin studierte. Vielleicht hat er mehr angestoßen, als ihm jemals klar geworden ist. Die Basisgruppe tagte gelegentlich bei uns im ‹Kinderzimmer›, sechs oder acht Schüler saßen auf dem Boden und auf den Stockbetten.

Später habe ich mich gefragt, ob ich mich nicht einmal hätte dazusetzen sollen, um mit den Söhnen danach darüber zu diskutieren, was sie in der Gruppe vorgesetzt bekommen hatten. Das war mir wohl aus verschiedenen Gründen nicht in den Sinn gekommen. Zum einen war mir nicht bewußt, daß die älteren Schüler möglicherweise als Ausläufer der APO-Welle eine Art Kader für den ‹langen Marsch durch die Institutionen› bildeten. Für solche Überlegungen waren Jürgen und ich einfach zu naiv, politisch zu wenig informiert. Zum andern lag es mir auch überhaupt nicht, mich bei meinen Söhnen dauernd in alles einzumischen – und sie hätten das wohl auch gar nicht zugelassen. Ich nahm an, die ‹Basisgruppe› würde einmal verschwinden ... wie die langen Haare, ein Durchgangsstadium eben. Vielleicht war ich aber auch zu sehr mit meinen eigenen Angelegenheiten beschäftigt? Auf der Suche nach einer Antwort darauf, «wie alles angefangen hat», habe ich mir jedenfalls über dieses Versäumnis oft Gedanken und auch Vorwürfe gemacht.

Ich weiß nicht mehr, ob Johannes' Lateinlehrer es mir mitteilte oder ob ich es selbst zufällig sah – auf seinem Klassenarbeitsheft prangten die Worte: ‹Johannes Thimme, Unterdrückter des kapitalistischen Leistungssystems›. Ich konnte ein gewisses Amüsement darüber kaum verbergen, fragte Johannes aber natürlich, was das sollte, und äußerte wohl, daß ich bei ihm keine starken Anzeichen von Unterdrückung entdecken könne. Ich war mir nicht klar darüber, daß eine solche versuchte Provokation ein ernsthafteres Gespräch anstatt Ironie verlangt hätte; vielleicht führten wir sogar eins, das aber jedenfalls nichts bewirkte.

Von in sich schlüssigen Erziehungsgrundsätzen kann man bei uns in den 60er und 70er Jahren nicht sprechen. Jürgen und ich hatten aus unsern Familien bestimmte Grundregeln menschlichen Zusammenlebens übernommen: nicht zu lügen oder zu stehlen etwa und andern keinen Schaden zuzufügen, gerecht zu sein, möglichst niemanden zu verletzen, gewisse Rücksichten zu nehmen, die sich auch in den sogenannten Manieren ausdrückten. Wir predigten das nicht dauernd, doch floß es in unsern Alltag mit den Kindern ein. Als Zeugen der Nazizeit stellten wir jede Form von Drill in Frage. Auch war ich natürlich von A.S.Neill's ‹Theorie und Praxis der antiautoritären Erziehung› (1969), und seinem Summerhill-Projekt beeindruckt, konnte aber auf der andern Seite Schmutz und Unordnung nicht leiden. Jürgen war durch die Organisation größerer Ausstellungen und die dazugehörigen Reisen und Veröffentlichungen weniger zu Hause, als man sich das gemeinhin wohl von einem Hauptkonservator am Museum vorstellt. Er war im ganzen etwas konventioneller, aber auch harmoniebedürftiger als ich. Eine zwar von Liebe bestimmte, aber letztlich inkonsequente Mischung der Erziehung war also das Ergebnis. Unvorbereitet, doch voll guten Willens versuchte ich, mich mit dem, was drei intelligente heranwachsende Söhne und ihre Freunde mir boten, auseinanderzusetzen. In bezug auf ihre Freundinnen war ich recht tolerant. Bei Johannes im Souterrain ging eine reizende, leicht pummelige Olli eine zeitlang aus und ein und war auch öfters mal bei uns oben. Vielleicht war das aber erst später, im Jahr vor dem Abitur.

Zu den Freunden, die gelegentlich an unserm Mittagstisch saßen, gehörte Christian Klar, der spätere RAF-Terrorist, ein hagerer, intelligenter Junge, zwei oder drei Jahre älter als Clemens. Er aß mit bei uns, wenn er nachmittags in Ettlingen oder Karlsruhe bleiben und nicht zwischendurch nach Ittersbach fahren wollte, wo seine Eltern wohnten. Von den andern Jungen weiß ich die Namen nicht mehr. Es wurden Themen etwa der Art diskutiert, daß Klauen im Kaufhaus nichts Schlechtes sei, da niemand direkt geschädigt, die Großkonzerne aber, die alles Geld einsackten, davon leider in ihrem Profitstreben kaum am Rande angekratzt würden. Auch die Lektüre von Julius Caesar in der Schule wurde (mir schon eher einleuchtend) in Frage gestellt, denn a) kenne man den Inhalt, und b) würde das Töten verherrlicht. Der Text mit der Stelle mit jener berühmt-berüchtigten Beschreibung, wie der Feldherr aus den Leichen der Feinde einen Schutzwall errichten läßt, wurde von Christian Klar eigens herbeigeholt und zitiert. Auch sonst kam inhaltsleeres Schulwissen zur Sprache, das verschleppte Nazitum bestimmter Lehrer, der Vietnamkrieg, die Benachteiligung von türkischen Gastarbeitern, das brutale Vorgehen der Polizei, der Radikalenerlaß, die Unterbezahlung von Frauenarbeit. Christian Klar war ehrlich bewegt von all diesen Fragen und Ungerechtigkeiten und relativ gut informiert, kannte Fakten und Daten, so daß ich mit meinen Einwänden einen schweren Stand hatte.

Clemens und Johannes waren sichtlich von ihm beeindruckt, während unser Christian irgendwann dann doch einmal äußerte, wir sollten beim Essen das Diskutieren einschränken, sonst bekämen wir noch alle Magengeschwüre.

Auch wenn keine andern Jugendlichen dabei waren, wurde ständig debattiert. Ich unterrichtete seit 1971 – weil dringend Deutschlehrer gesucht wurden und ich Lust auf ein neues Betätigungsfeld hatte – am Gymnasium und war damit also selbst in das Bildungs- und Wertesystem der Schule und des Staates eingebunden, das ich, zunächst ohne viel Hinterfragen, verteidigte. Bei unsern Diskussionen rasteten wir mit der Zeit mehr und mehr in immer die gleichen Positionen ein. Aus heutiger Sicht würde ich sagen: Wir hatten keine gute Gesprächskultur. Auf beiden Seiten gab es erhebliche Wissensdefizite, wir reagierten viel zu emotional, ich fühlte mich oft persönlich angegriffen und flüchtete mich in Ironie. Trotzdem habe ich auch damals schon einiges gelernt, und mein politisches Interesse ist durch unsere Söhne neu geweckt worden.

Führt man sich vor Augen, daß im Frühjahr 1972 der Krieg

in Vietnamkrieg dem Höhepunkt zutrieb, US-Präsident Nixon eine Seeblockade und die Verminung der nordvietnamesischen Häfen anordnete und daß auch in der Bundesrepublik Tausende von Menschen dagegen demonstrierten, so wird klar, wieviel Diskussionsstoff wir hatten.

Kam es zu Anschlägen wie jenem der RAF auf das Hauptquartier des 5. US-Corps in Frankfurt im Mai 1972, bekam ich möglicherweise zu hören: «Wie du sehr richtig sagtest: Gewalt erzeugt immer nur Gewalt. Oder sind die Amerikaner als Friedensengel in Vietnam?»

Immer wieder gab es spektakuläre, mir völlig unverständlich bleibende Aktionen der RAF und der Bewegung 2. Juni. Festnahmen ihrer Mitglieder folgten. Man hörte von schlimmen Haftbedingungen. Anfang 1973 fand der erste Hungerstreik der RAF-Gefangenen mit der Forderung der Verlegung von Ulrike Meinhof aus dem Toten Trakt in Köln-Ossendorf und für ihre Gleichbehandlung mit andern Gefangenen statt. In Karlsruhe traten Rechtsanwälte in Amtstracht, zusammen mit Angehörigen der Inhaftierten, vor dem Bundesgerichtshof in einen dreitägigen Solidaritätsstreik gegen die Isolationshaft und informierten mit Transparenten und in Gesprächen die Passanten.

Johannes und Clemens waren dort gewesen und erzählten davon. Ich nahm es zur Kenntnis, brachte sicher wieder meine Ablehnung der RAF zur Sprache und habe ganz gewiß nicht erkannt, wie prägend ein solches Erlebnis für sie gewesen war.

Nach meiner Erinnerung verlief die Auseinandersetzung mit Johannes meist am schärfsten. Dafür spricht auch, daß Clemens und Christian im Sommer 1972 noch mit uns nach Griechenland in die Ferien gingen, in jenes Häuschen auf Paros, das wir schon 1963 bewohnt hatten. Johannes aber kam nicht mit, wollte lieber mit Freunden nach Holland trampen, und wir ließen ihn ziehen.

## Amerika

Anfang 1973, also mit knapp siebzehn Jahren, äußerte Johannes den Wunsch, ein Jahr nach Amerika zu gehen. Wir waren einverstanden. Da wir in der kleinen Wohnung keinen Platz für einen Austauschschüler hatten, leitete er bei der Organisation ‹Youth for Understanding› alle erforderlichen Schritte selbst ein. Die Eltern der Jugendlichen hatten die Kosten des Hin- und Rückfluges und ein Taschengeld zu bestreiten, im übrigen wurden die Schüler von einer amerikanischen Familie eingeladen. Diese wurde für den Gast nach seinem Bewerbungsschreiben, seiner Biographie und seinen Interessen von der Organisation möglichst passend ausgesucht. Eigentlich eine großartige Einrichtung.
Den ersten, flüchtig handgeschriebenen Entwurf von Johannes' Selbstcharakteristik habe ich zufällig mit seinen Briefen aufgehoben.

*My character*
*I'm emotional and I accept life.*
*I like to mull over my problems or to discuss them with my friends to master them.*
*Sometimes I want to be alone, but often I need people arround me.*
*I like to meet people or have a conversation with people from whom I can learn something, but I absolutely dislike people who are authoritarian, violent, or greedy of power.*
*I need a certain degree of independence to develop into my personality.*

Johannes traf alle Vorbereitungen selbständig, gab sich

auch in der Schule mehr Mühe, besuchte eine Einführungstagung und schien sich auf die bevorstehende Distanz von uns zu freuen. Und auch ich war keineswegs unglücklich darüber, daß er sich einmal in einem andern Milieu den Wind um die Nase wehen lassen würde.
Eine Familie B. in Castro Valley, nahe San Francisco, wollte ihn aufnehmen. Mrs. B., seine künftige ‹Vizemutter›, wie sie sich bezeichnete, stellte sich brieflich sehr freundlich bei uns vor. Sie war deutsch-jüdischer Herkunft, ihre Eltern waren 1938 aus Karlsruhe emigriert. Wir fanden es äußerst beeindruckend, daß eine jüdische Familie einen deutschen Jugendlichen aufnehmen wollte; auch Johannes sah darin ein besonderes Zeichen von Toleranz und Noblesse. Das Ehepaar B. hatte vier Kinder: Forrest, ein halbes Jahr jünger als Johannes, und drei jüngere Mädchen; sie trieben Sport und musizierten. Es klang alles sehr vertrauenerweckend. Johannes überlegte sich passende Geschenke für alle Familienmitglieder. (Auf diese Weise geriet leider auch das bereits erwähnte Armband, das er für mich angefertigt hatte, an eine seiner neuen ‹Schwestern›).
An einem der letzten Abende zu Hause feierte er mit Freunden Abschied in seinem Souterrainzimmer. Am nächsten Morgen waren seine Querflöte und die bereits für die Reise eingetauschten Dollars verschwunden.
Wir gingen davon aus, daß jemand nachts bei ihm eingestiegen war, und unternahmen sofort alles Nötige bei der Hausratversicherung und so weiter. Johannes gestand mir dann allerdings, daß nicht nur Freunde, sondern auch ein entlassener Strafgefangener, um den sie sich gekümmert hätten, an dem Abend mit dabei gewesen sei. Ich fuhr ihn am Tag darauf auf seinen Wunsch zu einer bestimmten Wohnung in der Nähe des Karlsruher Hauptbahnhofs und mußte unten im Auto auf ihn warten. Wen er dort eigentlich zu treffen hoffte, weiß ich nicht. Er kam jedenfalls unverrichteter

Dinge zurück. Ich hatte mich schon daran gewöhnt, daß er jede Art von Ausfragerei haßte. Wie später dann noch häufiger, verschwieg er mir Wichtiges aus seinem Leben, verließ sich aber trotzdem auf meine Loyalität und Hilfe.

Daß jemand von seinen ‹Freunden› ihn bestohlen hatte – oder, von mir härter ausgedrückt: daß nicht jeder Strafgefangene zu Unrecht vom Staat eingesperrt wurde – war ein Schock, eine Enttäuschung für ihn. Und die Flöte war ihm zu dieser Zeit sehr, sehr wichtig.

Schließlich brachten wir Johannes mit seinem schweren Gepäck zum Karlsruher Marktplatz, von wo die Jugendlichen per Bus nach Frankfurt zum Flughafen verfrachtet wurden. Der Abschied war unsentimental. Aber für ein paar Sekunden verschleierten sich Johannes' Augen genau so wie bei einigen späteren Abschieden und dann an jenem Abend 1985, an dem wir uns zum letzten Mal gesehen haben.

In den elf Monaten seines Amerikaaufenthaltes hat er Jürgen und mir achtzehn Briefe geschrieben.

Zunächst (29.8.1973) erzählt er von der freundlichen Aufnahme durch die Familie, ist von dem winzigen Zimmer, das er mit Forrest teilen muß, enttäuscht und berichtet unter anderem, daß er mit dem Rauchen aufgehört habe.

> *Hier raucht keiner, außerdem darf man gesetzlich erst ab 18... Ich habe sowieso das Gefühl, daß das ein gesundes Jahr wird: Alkohol habe ich hier noch keinen Tropfen gesehen!*

Vergeblich hatten Jürgen und ich versucht, den Söhnen ein gutes Beispiel zu geben, indem wir selbst ein Jahr lang nicht rauchten. Auch das Versprechen von tausend Mark (für uns damals eine riesige Summe) zum Abitur, wenn sie bis dahin nicht rauchen würden, hatte nichts gefruchtet. Wir hatten Antworten in der Richtung erhalten, daß wir wohl dächten, übers Geld könne man alles regeln... Nun regelte es sich erst einmal durch die Umstände.

Im nächsten Brief (2. Sept.) kommt Johannes noch einmal auf dieses Thema zurück:

*Letztens sind wir mit ein paar Freunden von Forrest abends weggegangen. Wirklich komisch. Stellt euch vor: 10 bis 20 17–18jährige, und keiner raucht oder trinkt Alkohol, und das abends um 11 Uhr! Man ißt hier entweder riesige Mengen Eis oder fürchterliche Hot-Dogs. Aber die Leute sind ganz lustig und man kann sich ganz gut unterhalten. Manchmal fühlt man sich allerdings ein bißchen komisch als Ausländer: ich kam mir z.B. wie aus dem Busch importiert vor, als man mir im Schwimmbad eine Taucherbrille vor die Nase hielt und mich fragte, ob ich sowas schon mal gesehen habe. So was ähnliches kommt oft vor. Der Durchschnittsami kann sich einfach nicht vorstellen, daß es außer in den U.S.A. irgendwo sonst noch Zivilisation gibt. Als ich meiner Familie erzählt habe, daß das deutsche Fernsehen einige amerikanische Serien übernommen hat, hatte ich so das Gefühl, daß man das für das beste am deutschen Fernsehen hält. Auf die Feststellung, daß das amerikan. Fernsehen schrecklich viel Reklame habe, konterte man stolz, daß das die Grundlage für 24 Stdn.TV in 13 Programmen jeden Tag sei!– Wie schön! Aber dennoch sind alle nicht so übel, und ich komme mit allen ganz gut aus, besonders «Mom» hat sich als ganz nett entpuppt und erklärt mir viel. Auch «Daddy» ist manchmal ganz lustig.*

Im übrigen macht sich Johannes Gedanken um den Ersatz seiner Flöte, er hat vor, sich eine zu leihen, muß seinen Tennisschläger reparieren lassen, möchte einen Karatekurs belegen und plant, einen Job zu suchen, um das alles zu finanzieren. Mrs. B. schreibt uns einen Tag später (ich übersetze):

*... Wir alle mögen Hannes (wie wir beschlossen haben, ihn zu nennen), und ich glaube, er fängt langsam an, sich als Teil unserer Familie zu fühlen. Wir mögen besonders seine*

*Bereitschaft und Offenheit für neue Erfahrungen und Ideen. Er benutzt stets sein Englisch, und ich bin sicher, es läuft bald mit sehr viel weniger Anstrengung…*

Man mußte nach ihren weiteren Schilderungen den Eindruck haben, er sei in der Familie gut aufgehoben.

In seinem nächsten Brief (15. Sept.) berichtet Johannes, hörbar um einen neutralen Ton bemüht, über die amerikanische Gewohnheit, im Haus alle Türen offenstehen zu lassen, und die damit verbundene Geräuschkulisse von Streitereien bis kindlichen Klavierübungen, und über das riesige, ihn von der religiösen Seite her nicht gerade beeindruckende Barmitzwah-Fest, bei dem Andrea über hundert Pakete bekam, und über seine Fächerwahl in der Schule. Es sind

*Communications, U.S.History, French, Color & Design, Boys P.E. (Sport), Orchestra, Chemistry. Communications ist ein Unterfach von English, in dem wir Reden halten und Aufsätze schreiben müssen. «Write a composition on patriotism» war das erste sinnige Thema.*

Am 3. Oktober freut sich Johannes auf die von uns inzwischen erworbene und abgeschickte Flöte, berichtet ausführlich über die Schulfächer, macht sich Sorgen, wie er bei dem dortigen niedrigen Niveau in Französisch und Chemie später zu Hause den Anschluß noch schaffen soll, ist beeindruckt von dem hohen Level des Schulorchesters (man spielt Strawinskys Feuervogel-Suite vom Blatt!), will Flötenstunden nehmen. Er beruhigt sich sozusagen selbst, daß er sich «im Großen und Ganzen hier ganz wohl» fühle, unterdrückt aber auch kritische Töne nicht. Über Forrest, mit dem er ein «ziemlich kleines Zimmer mit extrem schlechtem Licht und winzigem Schreibtisch» teilt, schreibt er:

*Er hat wohl die ganze Zeit seine kleineren Schwestern rumkommandiert und ist nun etwas aus der Balance gebracht, nachdem er gemerkt hat, daß er bei mir das nicht ganz bringen kann…*

Und vieles an den amerikanischen Jugendlichen sieht er recht negativ.

*In der Schule habe ich schon ein paar ganz nette Leute getroffen, im allgemeinen sind die Jugendlichen hier aber unheimlich kritiklos und uninformiert. Gesellschaftspolitik erfreut sich ungefähr der gleichen Beliebtheit wie z.B. Astrologie oder sonst was. Ich bleibe jedenfalls als einziger bei der «Pledge to the Flag» (tägliches Ritual: Aufstehen, zur Flagge schauen – die ist in jedem Klassenzimmer – Hand an die Brust und Vaterunser auf die Flagge) sitzen. Auch im Geschichtsunterricht kommen unheimliche Wortmeldungen. Am eklatantesten sind die Ansichten über Kommunismus oder Sozialismus (von dem Unterschied hat schon gar keiner eine Ahnung). Ich habe noch nie so viele Leute gesehen, die einen Begriff hassen, von dessen Bedeutung sie aber auch nicht den leisesten Dunst haben. Andererseits drehen sie ziemlich oft durch und bringen Sachen wie das Anzünden eines vollen Papierkorbes oder das Rumschmeißen von vollen Milchpaketen in der Aula.*

Im Oktober berichtet Johannes, daß er ein Fahrrad von ‹Dad› geschenkt bekommen, es jedoch leider gleich bei einem Unfall zu Schrott gefahren habe (!). – Bei den Verletzungen habe er aber Dusel gehabt. Und über sein sonstiges Ergehen: «Im großen und ganzen fühle ich mich nämlich ganz wohl hier und bereue nicht, daß ich die Sache gemacht habe.»

Am 24. Oktober bedankt er sich sehr herzlich für die endlich angekommene Flöte. Im November wünscht er sich, auf unsere Frage nach einem Weihnachtswunsch, ein SPIEGEL-Abonnement. Er hatte von dem Militärputsch in Chile unter General Pinochet und dem Tod des demokratisch gewählten sozialistischen Staatspräsidenten Salvador Allende nur durch ein zufällig an einem Kiosk entdecktes SPIEGEL-Heft erfahren. In seiner Familie und in der Schule war davon nicht die Rede gewesen.

Dieser Brief an Jürgen, der ihm wohl mahnend zugeredet hatte, enthält, scheint mir, einige wichtige Stellen.

*Eins kannst du mir jedoch wirklich glauben, nämlich daß ich das Praktizieren meiner eigenen Anschauungen und meines Lebensstils ganz gehörig einschränken mußte! Mit andern Worten, ich habe mich in vielen Sachen anpassen müssen und werde es wohl noch, einfach weil man hier völlig andere Wertmaßstäbe auf bestimmten Gebieten hat und ich so völlig unverstanden bleiben würde, wenn ich da mein «deutsches» Verhalten praktizieren würde. Nur ein Beispiel. Der «student body» hat beschlossen, daß alle «seniors» (Abgangsjahrgang) auf den Yearbook-Bildern (im Yearbook ist von jedem ein Foto) Fliege und Dinner-Jackett tragen müssen. Da kommt hier gar keiner auf den Gedanken, einen Flunsch zu ziehen und zu sagen: laßt mich doch in Ruhe mit eurem blöden Klimbim, sondern sowas bildet hier einfach keine Ansatzfläche für Kritik. Folglich hat es für mich auch keinen Sinn, mich dem zu widersetzen, da meine Kritik auf völliges Unverständnis stoßen und keine Reaktion haben würde. So ist das mit vielen Sachen… Auch muß man seine Argumentation neu überdenken, da hier eben andere Maßstäbe gelten. Man muß seine eigene Argumentation also auch ernster nehmen. Ein signifikantes Beispiel: Ein Mädchen fragte mich, ob ich aus dem guten oder schlechten Teil Deutschlands komme. Die Diskussion Sozialismus oder Kapitalismus gibt es hier einfach nicht. Sozialismus wird schlicht und einfach mit etwas Hassenswertem verbunden, während Amerika eben nun mal das Land der Freiheit ist, was einem im Geschichtsunterricht (neben P.E. einziges Pflichtfach) von früh an eingeimpft wird. Selbstverständlich kann ich bis jetzt natürlich nur von den Erfahrungen in meiner Schule sprechen.*

*Das Niveau der Diskussionen ist demzufolge natürlich ein ganz anderes, man kann mit gewissen Argumenten eben*

*nicht kommen, muß sich in anderer Weise verständlich machen – wieder eine Form des Anpassens.*
*Was den Pluralismus unserer Gesellschaft anbelangt, bin ich anderer Meinung, wie Du weißt. Natürlich sagen verschiedene Standpunkte nichts über «Intelligenz» bzw. «Moral» aus, eben gerade weil diese beiden Begriffe nicht absolut sind, sondern von einer ganz bestimmten Weltanschauung abhängen. Mit Deiner letzten Feststellung hast du natürlich völlig recht, daß man aus allen neuen Erfahrungen und Erlebnissen etwas lernen kann. Was mir hier richtig gefällt, kann ich wohl erst sagen, wenn ich zurück in Deutschland bin und es vermisse, andererseits hängt die Wichtigkeit einer neuen Erfahrung ja nicht davon ab, ob sie nun gut oder schlecht war.*
*Jetzt mal was anderes: Ich bin hier zum großen Teil mit den andern Austauschschülern zusammen (2 sind von Schweden, je einer von Holland und Frankreich) und es ist wirklich interessant, sich mit Leuten aus andern Ländern zu unterhalten. Abgesehen davon, daß wir uns jetzt schon gegenseitig eingeladen haben, einander zu besuchen, habe ich mir überlegt, wie es wäre, wenn wir für eine Zeit einen Amerikaner nehmen würden oder ob irgendeine andere Familie aus eurem Bekanntenkreis in Frage käme. Ich habe ihm gesagt, wenn er's wirklich ernst meint, müßten wir zusammen natürlich so was wie einen Bericht über seinen Lebenslauf, seine Interessen usw. ausarbeiten. Das Problem mit den Austauschorganisationen ist nämlich, daß sich weder der Austauschschüler noch die Familie ein genaues Bild von dem andern machen kann, da die Fragebögen eben nicht sehr aufschlußreich sind. Der Hauptgrund ist, daß verschiedene Interessen und verschiedener Lebensstil im andern Land eine völlig andere Bedeutung haben: Beispiel: ...Ein amerikanischer Pfadfinder ist etwas völlig anderes als ein deutscher, und der unterschei-*

*det sich wieder vom schwedischen, ein deutscher Kirchgänger ist anders als ein amerikanischer, und so ist es mit vielen Dingen.*

Der siebzehnjährige Johannes: beobachtend, reflektierend, sehr kritisch, und obwohl offensichtlich unter Spannung stehend, auf Verständigung, auf Dazulernen bedacht.

Zweieinhalb Wochen später, mit Brief vom 27. November, erfuhren wir dann zu unserer Überraschung, daß er in einer andern Familie lebte.

Bei einem Streit zwischen Mrs. B. und ihrem Sohn, bei dem es um das Mitnehmen von zwei andern Schülern zum Karatekurs ging, hatte Forrest sich gegen Johannes gewandt,

*...daß ich immer nur an mich denke, was geradezu grotesk ist, wenn man bedenkt, wie ich mich zum Beispiel seinem krankhaften Ordnungstick (Kleider durften über Nacht nicht überm Stuhl hängen, sondern mußten im Schrank aufgehängt werden und ähnliche Scherze) absolut gefügt habe... Jedenfalls hat er dann noch andere Sachen losgelassen, wie z.B. über die Wahl meiner Fächer, was ihn ja wohl einen ziemlichen Dreck angeht (jedenfalls in dem Zusammenhang). Nachdem ich dann merkte, daß ich mit ruhigem Ton keine Chance hatte und er in dem Stil «Du bleibst jetzt hier und hörst mir zu!» weitermachte, bin ich dann aus der Unterhaltung ausgestiegen.*

*Eine andere Sache, die mich auch sehr irritiert hat (es liegt aber schon länger zurück) war, daß Mrs. B. einmal so gegen halb zwölf in die Küche kam (im Schlafanzug), wo ich nach dem Ausrappeln der Spülmaschine und TV mal ein paar ruhige Gedanken fassen oder was schreiben wollte (Forrest war meistens in unserm Zimmer mit einem Stuhl und handtuchgroßem Schreibtisch und ging gewöhnlich um 10 ins Bett) und mir «Dad's» Befehl ausrichten ließ, daß es Zeit fürs zu Bett gehen sei. Das passierte übrigens nicht nur einmal.*

*Der Hammer kam dann, als Mr.B. mich vor die Wahl stellte, entweder den Philosophiekurs oder Karate aufzugeben, da seine unerschütterliche Überzeugung war, daß 4 Abende weg von zu Hause zu viel für einen «17-year-old boy» seien. (Karate war immer nur eine halbe Stunde und wir waren um 8 zurück und zum Philosophiekurs holte mich immer ein Freund ab). Die Alternative war also nur TV glotzen, denn was anderes gab's im familyroom nicht, und ich bin nicht willens, mich acht Monate lang einer Gehirnwäsche zu unterziehen! Außerdem ist es ja der Sinn des Austauschjahres, (auch von YFU gesehen), möglichst viele Sachen zu machen und auszuprobieren. Jedenfalls hatte ich diesen autoritären Stil ziemlich satt (auch das ständige Rumgebrülle mit seinen Kindern, bei mir hat er sich das wohl nie ganz getraut).*
*Das ist mir in der Zeit ja ziemlich klargeworden, daß autoritäre Erziehung eben nicht nur unfreie, sondern auch unglückliche Menschen produziert …*
*Das sehe ich ja doch jetzt mit etwas mehr Abstand, daß ihr uns (trotz oft grundverschiedener Auffassungen) im Endeffekt doch immer die Möglichkeit gegeben habt, unsere eigenen Entscheidungen und Erfahrungen zu machen. (Wenn ich nur an diese immer fast dem Heulen nahe, ängstliche und uninformierte Mrs. B. denke!) Aber Euch interessiert sicher mehr, wie die Story nun weitergeht: Es wurde vereinbart, daß Forrest und ich eine «gemeinsame Aussprache» haben sollten, zusammen mit Chris, der seit einiger Zeit auch bei YFU ist. Das war natürlich fruchtlos und der entschied dann, daß ich eine Pause nötig hätte, und so blieb ich, erst mal für ein paar Tage, hier. Tja, wir haben uns ziemlich gut verstanden und so bin ich nun in meiner neuen «Familie»: Chris, 27 und Psychologiestudent, Denise, 23, seine Frau, (sie war 68 als Austauschstudentin in Deutschland und arbeitet irgendwas in 'nem*

*Büro) und Peter, Austauschschüler von Paris. Ich komme mit allen dreien sehr gut aus, und sie nahmen mich nicht aus irgendeiner Notsituation, sondern sagten alle drei, daß sie sich sehr freuen würden, wenn ich bei ihnen bleiben würde, was ich natürlich freudig annahm (und auch großartig von ihnen fand), wie ihr Euch denken könnt. Die Schule habe ich wechseln müssen, hab auch andre Fächer (Movie making, History, Psychology, Mathe (höchster Kurs, was nicht viel besagt), P.E. und Photographie). Ich war heute das erste Mal in der Schule und werde später genauer berichten ...*

*P.S. Für Weihnachten hatte ich mir gedacht, mir eine Kamera zu leihen und Euch ein oder zwei Rollen Film zu schicken (vielleicht könntet Ihr Euch einen Projektor leihen), aber das wird wohl nun etwas später werden. Viele Gr., J.*

Wir bekamen seinen kleinen autobiographischen Film später tatsächlich und schauten ihn bei Freunden an. Schade, daß er nicht erhalten ist, wahrscheinlich ist er bei einer Hausdurchsuchung konfisziert worden.

Am 2. Dezember schreibt uns Denise, Johannes' neue (dreiundzwanzigjährige) Mutter, und stellt sich und ihren Mann vor, der sich auf seinen Ph.D. vorbereitet. Sie sind beide Mitglieder des örtlichen Youth for Understanding Programms und *extremely pleased*, Johannes als Familienmitglied zu haben. Sie hoffen, daß er den Aufenthalt bei ihnen so genießt wie sie.

Am 16. Dezember folgt ein sehr zufriedener Weihnachtsbrief von Johannes, in dem er seine Schulfächer beschreibt (wobei ihm movie making besonderen Spaß macht) ebenso die Einteilung der Hausarbeit und seinen neuen Freund Peter W., der von deutsch-rumänisch-jüdischen Eltern aus Paris stammt. Er schickt auch einige Fotos mit und scheint recht vergnügt zu sein.

Und dann kommt völlig überraschend für uns – und offensichtlich ebenso für Johannes – ein neuer Familienwechsel. Johannes ist regelrecht schockiert und schreibt, daß er alles nicht richtig verstanden habe. Nach einem Streit zwischen Chris und Peter um eine Geldleih-Geschichte finden Johannes und Peter einen Zettel von Chris an der Tür, daß am nächsten Morgen Mrs. M., die Chefin von Youth for Understanding, da sein werde. Chris eröffnet den Jungen am nächsten Tag, daß Schluß sei.
Johannes schreibt:

> *Seine Argumentation war nicht so einleuchtend, er sagte alles Mögliche, z.B. daß wir nicht genug helfen würden. Ich weiß zwar jetzt schon, daß Ihr's mir nicht glauben werdet, aber ich (Peter auch) habe mindestens 20 mal soviel im Haushalt mitgeholfen im Vergleich zu dem, wie ich es bei Euch getan habe. Außerdem löst man unter normalen Umständen ja auch nicht seine Familie auf, ohne die Situation mindestens vorher zu diskutieren, was Chris nicht getan hatte. Es war überhaupt erschreckend für mich zu sehen, wie jemand schon jahrelang Psychologie studieren kann und nicht die Fähigkeit hat, sie praktisch in irgendeiner Form anwenden zu können. Mrs. M. blickte übrigens dieses Mal auch nicht ganz durch. Chris kam dann noch ein paarmal zu uns ins Mangnallhaus, um die Sache gewissermaßen wieder gut zu machen. Denise hatte übrigens bei seiner Entscheidung überhaupt nichts mitzureden und wir konnten erst mit ihr reden, als wir unser Zeug rausgeräumt haben, und sie sagte uns, daß sie überhaupt nicht mit der Sache einverstanden sei, Chris aber als seine Frau gehorchen müsse. Chris (das vielleicht als Erklärung) brach übrigens auch mit Denises Großmutter von heute auf morgen wegen einem Streit alle Beziehungen ab, wogegen die beiden vorher dicke Freunde gewesen waren. An dem Tag, bevor ich hierher gezogen bin, hat mir Chris noch eine*

*nagelneue Timex Armbanduhr geschenkt. Na ja, eigentlich fühle ich mich im Moment nicht in der richtigen Stimmung, um psychologische Hintergründe zu analysieren.*

*Jetzt mal zu meiner neuen Familie. Sie besteht aus ‹father›, Trompete blasender Umweltchemiker, an die fünfzig (schätze ich), der seit anderthalb Jahren geschieden ist. Und Mark, siebzehn, der vorher mit seiner Mutter lebte, jetzt aber zu seinem Vater zog, weil das bei der Mutter mit einem Austauschschüler aus irgendwelchen Gründen nicht geklappt hätte. So ist es für uns alle drei eine neue Erfahrung. Ich habe mein eigenes Zimmer, was sehr gut ist, und habe am ersten Tag, als ich hier war, mir einen verrotteten Büroschreibtisch aus der Garage wieder aufgemöbelt (mit gelber Aluminiumbeschichtung, ganz elegant), da in meinem Zimmer keiner war, und so habe ich hier ein ganz schönes Zimmer. Die Schule mußte ich auch wechseln …*

Im nächsten Brief zwei Tage später schreibt er, daß er kein Orchester mehr habe in der Schule («*da gibts nur marching band und das vor der Schule um 7 Uhr 15!*»), daß sein Film nun vom Entwickeln zurück sei und er ihn noch schneiden müsse. Er malt jetzt viel, «*hauptsächlich mit Bleistift und Kreide. Seit zwei Wochen werkle ich an meinem ersten Ölbild rum, das für mein Gefühl gar nicht so übel ist.*»

Er fragt, ob wir nun einen Amerikaner nehmen könnten und ob ich mich beim Max-Planck-Gymnasium erkundigt hätte, ob er nach seiner Rückkehr dorthin überwechseln könne. Es gab dort einen Musischen Zug, und wegen der Möglichkeit einer anderen Fächerkombination hätte er nach dem USA-Aufenthalt besser dorthin gepaßt. Auch von zweien seiner Lehrer am Eichendorff-Gymnasium hätte er sich bei dieser Gelegenheit gern getrennt. Da das Max-Planck-Gymnasium aber, wenn auch nur fünf Kilometer von Ettlingen entfernt, zu Karlsruhe gehört, war eine Umschulung leider nicht möglich.

Ich war wegen des neuerlichen Familienwechsels recht beunruhigt. Einerseits fürchtete ich, daß sich Johannes als Gast in einem andern Land ungehörig benommen haben könnte, andrerseits tat er mir herzlich leid, weil schon wieder die Hoffnung auf eine fruchtbare Zeit in Amerika zunichte gemacht war. War Johannes so viel schwieriger als andere Jugendliche, die sich dort wohl gefühlt, ihre Gastfamilien fast wie eine eigene betrachtet hatten?
Erst ein Brief vom 10. Februar 1974 von Mrs. M., der YFU-Repräsentantin für Kalifornien, ließ mich wieder aufatmen. Johannes hatte zwei Wochen in ihrer Familie verbracht und sie gebeten, uns einen erklärenden Brief zu schreiben.
Johannes sei sehr glücklich bei Chris und Denise C. gewesen, und Peter und er geschockt, als sie erschienen sei, um sie dort wegzuholen. Sie selbst habe schon seit einiger Zeit gewußt, daß die finanzielle Last, zwei gesunde Siebzehnjährige durchzufüttern, für die C.s zu groß gewesen sei, und habe Chris bereits bei der Aufnahme von Peter und bei Johannes dann ein zweites Mal gewarnt. In ihrem jugendlichen Selbstvertrauen hätten die C.s sich finanziell völlig übernommen. Auch sei die Situation etwas schwierig gewesen, weil Chris und Denise sich einerseits wie Geschwister der Jungen gefühlt, andrerseits aber wie Eltern oder YFU-Personen hätten reagieren müssen.
Mrs. M. charakterisiert Johannes als einen reifen, manchmal eigensinnigen, aber niemals unhöflichen Jungen. Sie hätten ihn sehr lieb gewonnen während seines Aufenthalts bei ihnen. Er sei sensitiv und verantwortungsbewußt, ein heller junger Mann *«with a good head on his shoulders»*, kenntnisreich auf vielen Gebieten; bis in die Nacht hinein hätten sie meistens diskutiert, und sie habe seine Anwesenheit als stimulierend empfunden. Das von ihm renovierte Badezimmer erinnere sie täglich an ihn. Wir sollten uns keine Sorgen machen, sie wolle sich wie um einen Sohn um

ihn kümmern und empfinde auch ein wenig so für ihn. Wir könnten stolz auf ihn sein. Mrs. M. dankt uns, daß wir Johannes in ihr Land hätten kommen lassen. Sie sei überaus froh, ihn unter ihren Studenten zu haben. *«I compliment you on your fine son»*.

Beim Übersetzen dieses Briefes brennen mir die Augen. Keine drei Jahre später wurde der großartige Sohn, zu dem sie uns beglückwünscht, bereits das erste Mal festgenommen.

Am 12. Februar stellt Mr. E. aus Alameda, Johannes' neuer ‹father›, sich und seinen Sohn Marc brieflich freundlich und etwas trocken vor. Und am 26.2. schreibt Johannes einen recht zufriedenen Brief. Da sein früherer «Dad» Mr. B. ihm 128 $ von der Versicherung für den Radunfall angekündigt hat, hat er sich *second hand* eine Kamera gekauft. Schade ist natürlich, daß er durch den zweimaligen Schulwechsel immer wieder andere Fächer hat, also weder das *Movie making*, noch das Fotografieren gründlicher lernt. Dafür hat er jetzt Advanced Art belegt, was ihm Freude macht. Über Chris und Denise berichtet er übrigens im nachhinein, daß sie Vorurteile gegen Schwarze hätten und fanatische Nixon-Anhänger seien.

Im nächsten Brief (vom 3. März 1974) erzählt er, daß er Peter getroffen habe, der auch manchmal das Gefühl habe, sechs Monate Amerika seien genug. Er fährt dann fort:

> *Ich fühle mich hier aber eigentlich zum ersten Mal (seit meinem Aufenthalt) einigermaßen wohl, da ich das Gefühl habe, daß hier jeder die persönlichen Freiheiten des andern respektiert und ich nicht permanent von irgend jemand begluckt und bewacht werde. Mit Marc verstehe ich mich gut, er ist auch manchmal ziemlich witzig. ‹Father› denkt daran, einen Enlarger zu kaufen und in der Küche zu installieren, was natürlich großartig wäre, da wir dann unbegrenzt entwickeln und vergrößern könnten.*

Aber wie so oft sind bei Johannes Lebensfreude und leidenschaftliche politische Auseinandersetzung dicht nebeneinander. Der nächste Absatz lautet:

*Ich möchte hier mal kurz auf Deinen Brief eingehen, Vater. Du schreibst, daß die Welt ohne die reichen Leute ärmer wäre und bist verständlicherweise fasziniert von den Kunstbesitzen einiger Millionäre (das wäre ich möglicherweise auch). Aber mit der Frage, reiche Leute oder nicht, kommen wir ja unausweichlich auf die Frage: Kapitalismus oder nicht. Und da möchte ich nur mal die Frontseite einer (republikanischen!) Tageszeitung interpretieren. Nixon tritt (jeden Tag) erneut die Demokratie ins Gesicht, in einem Land, das nicht erst durch Nixon undemokratisch wurde, sondern wo eben von vornherein nur reiche Leute an die politische Macht gelangen können. In England macht der Kapitalismus auch nicht gerade einen sehr überzeugenden Eindruck, mit andern Worten, man steht kurz vorm wirtschaftlichen und gesellschaftlichen Zusammenbruch. In Spanien wurden gerade zwei Gefangene mit Foltermethoden des 14. Jahrhunderts exekutiert, in England und in Deutschland werden Strafgefangene brutal zwangsernährt, weswegen auch schon welche gestorben sind (in England) und auch in Deutschland gibt es ja bekannterweise die Isolation als Folter. Man könnte hier mit einer langen Liste fortfahren. Wie Du wissen solltest, geht es mir nicht darum, etwa den bürokratischen Totalitarismus der Soviet Union zu proklamieren, sondern ich kann einfach nicht verstehen, wie man sich tagtäglich knüppeldicke Skandale gefallen lassen kann, die jeder halbwegs ehrlichen Auffassung von Demokratie im Gesicht rumtrampeln. Die Leute sind einfach zu abgestumpft bzw. werden bewußt (gegen solche Sachen wie Watergate z.B.) immunisiert.*

*Ja, manchmal erinnert mich das Ganze verdammt stark an George Orwell's «1984».*

*Aber das ist eine lange Diskussion.*
*Soviel für heute, Grüße an Christian und Clemens,*
*Johannes.*

Am 4. März 1974 schreibt uns Mr. B. im Namen seiner Familie (auf unsere besorgte Bitte hin) drei Monate nach Johannes' Auszug einen fairen, besonnenen Brief über die Gründe aus seiner Sicht.

Er sieht das Problem darin, daß Johannes sich – mit Recht, wie er betont – als Erwachsener fühle, der seine Entscheidungen darüber, womit er seine Zeit zubringe, selbst treffen und dafür Verantwortung übernehmen könne. Zuhause habe er möglicherweise mehr Freiheit gehabt. B.s dagegen seien hauptsächlich darauf eingestellt gewesen, Johannes als Familienmitglied zu integrieren, was seine Freiheit in bezug auf Studien und soziale Aktivitäten zeitlich eingeschränkt habe. Es hätten sich ernste Probleme mit den andern Kindern, besonders mit Forrest ergeben. Diese meinten, Johannes sollte als Familienmitglied, nicht als Gast behandelt werden. Mr. B. versichert uns mit *warmest regards*, daß Johannes *a very fine young man* sei, der aus einem Elternhaus komme, das ihm einen warmen und sensitiven Respekt für andere Menschen vermittelt habe. Wäre er als College-Student mit all den damit verbundenen Privilegien und Freiheiten in die USA gekommen, hätte es keine Probleme gegeben.

Beide Seiten waren guten Willens gewesen, hatten sich aber mit zu verschiedenen Vorstellungen auf das Zusammenleben eingelassen. Johannes war zu selbständig und wohl geistig, künstlerisch, politisch zu wißbegierig, aber auch zu anspruchsvoll, außerdem zu frei erzogen, um sich in eine streng patriarchalisch geführte amerikanische Mittelstandsfamilie einpassen zu können.

Familie B. hat sich übrigens 1988, drei Jahre nach Johannes' Tod, noch einmal bei uns gemeldet. Die Stadt Karlsruhe hatte alle noch lebenden jüdischen Bürger, die in der Nazizeit emigriert waren, eingeladen. Und Frau B. stammte ja aus Karlsruhe. Leider waren wir verreist und haben das Ehepaar nicht getroffen, wir hätten es sehr gern kennengelernt. Wie enttäuscht muß die Familie damals von dem Scheitern ihres großzügigen Angebots, einen Deutschen bei sich aufzunehmen, gewesen sein.

Daß ich mir über Johannes' geistige Reife nicht nachträglich etwas zusammenreime, mag auch ein Hausaufsatz dokumentieren, den Johannes in der 11. Klasse vor seiner Abreise in die USA im Juni 1973 schrieb und der seine Interessen, Kenntnisse und seine Ausdrucksfähigkeit widerspiegelt.

***Hausaufsatz***

*Thema: Läßt sich das Ideal der heutigen Jugend durch Frischs Formulierung «Exzeß mit frühem Tod» charakteriesieren? – Setzen Sie sich mit obigem Text auseinander und beziehen Sie eigene Beobachtungen und Kenntnisse in die Diskussion mit ein!*

*Einleitend muß man wohl sagen, daß Frisch hier nicht die gesamte Jugend so pauschal charakterisiert hat. Sogar in den Argumentationen seiner jugendlichen Besucher treten schon zwei gegensätzliche Richtungen auf. Während der eine für ein schönes kurzes Leben eintritt, betrachtet der andere Drogenkonsum als «Flucht in eine parasitäre Existenz».*

*Was ist «heutige Jugend»?*

*Wenn man von der «heutigen Jugend» spricht, meint man fast immer Tendenzen einer beginnenden Bewegung, nie die Gesamtheit der Jugendlichen.*

*Man wird also den schwammigen Begriff von der «heutigen Jugend» etwas genauer untersuchen müssen. Man könnte hier diesen Begriff in vier oder fünf verschiedene Gruppen von Jugendlichen unterteilen, obwohl die Grenzen nicht starr sind und man sich darüber klar sein muß, daß dies auch nur eine Charakterisierung der wichtigsten Merkmale dieser Gruppen sein kann.*

*Wenn man mit – wahrscheinlich – der Mehrzahl der Jugendlichen beginnt, beschreibt man, wenn es beispielsweise um die kritische Betrachtung gesellschaftlicher Zustände geht, die sogenannte «schweigende Mehrheit». Es sind diejenigen, die die bestehenden Gesellschaftsformen akzeptieren und diese – bewußt oder unbewußt – reproduzieren, das heißt die, die vollständig in die Gesellschaft integriert sind. Sie übertragen Verhaltensformen und Ideale ihrer nächsten Umwelt (Elternhaus) auf sich: Sie akzeptieren das Leistungsprinzip; sie versuchen, ihr Bedürfnis nach Anerkennung durch die Umwelt durch Leistung in Schule, Beruf und Ehe zu decken. Wichtig für die Beschreibung dieser Gruppe ist festzustellen, daß sie eine Ideologie besitzt, wenn sie sich auch nicht immer offen zeigt. Ihr Ideal ist im privaten Bereich Karriere und bürgerliche Ehe, im gesellschaftlichen Bereich «Ruhe und Ordnung», was sich unter anderem auch in der Ablehnung von denjenigen Exzessen verdeutlicht, die ihre Moral verteufelt (Sexualität, manche Drogen).*

*Da ihr wichtigstes Kennzeichen Konformismus mit dem Gesellschaftssystem ist, kann ihre Ideologie auch widersprüchlich sein. (Während sie revolutionäre Bestrebungen als «Terror» bezeichnet, kann es vorkommen, daß z.B. die amerikanische Invasion in Vietnam als Notwehr gerechtfertigt wird). Wichtig für diese Gruppe ist auch, daß sie die Ursache von Unzufriedenheit oder sozialen Mißständen nie im gesellschaftlichen System sucht, sondern sie auf eigene Unzulänglichkeiten zurückführt und sie möglicherweise durch intensivere Leistung zu beseitigen sucht.*

*Der zweite, auch recht große Teil der Jugendlichen zeichnet sich dadurch aus, daß er keine Ideologie besitzt: Er ist mehr oder weniger «apolitisch». (Im gesellschaftlichen Zu-*

*sammenhang gesehen gibt es kein Individuum, das apolitisch ist – Abstinenz bei gesellschaftspolitischen Auseinandersetzungen kann horrende Folgen auf die Gesellschaft haben, siehe Drittes Reich). Er besteht aus Jugendlichen, die eine unbewußte Aggression gegen unsere Gesellschaft mit ihrem Leistungsdenken haben. Das zeigt sich entweder darin, daß sie ihr Unbehagen in Mode-, Pop- oder leichtem Drogenkonsum kompensieren oder daß sie versuchen, innerhalb der Gesellschaft sozusagen ihr persönliches Schäflein ins Trockene zu bringen. Sie versuchen (z. B. bei der Berufswahl), dem ausgeprägtesten Leistungsdruck aus dem Wege zu gehen. Kennzeichnend für die Gruppe ist weiterhin, daß sie sich selbst gern als «progressiv» bezeichnet, vor politischer Tätigkeit aber zurückschreckt, weil sie in dieser Hinsicht vielleicht einmal frustrierende Erfahrungen gemacht zu haben glaubt.*

*Der dritte Teil schließlich besteht aus den Jugendlichen, die mit der bürgerlichen Gesellschaft vollständig gebrochen haben: «Freaks» und «Ausgeflippte», die versuchen, sich einzeln oder in Gruppen abzukapseln, um eine alternative Lebensweise zu praktizieren. Hier gibt es allerdings die verschiedensten Formen.– Die einen ziehen unter der Parole «Zurück zur Natur» aufs Land, um ihr eigenes Gemüse hochzupäppeln, die anderen praktizieren in Wohngemeinschaften mystischen Drogenkult. Wieder andere bilden sich ein, in der Religion (Jesus-People, Hare Krishna, Zen-Buddhismus) ihre Freiheit zu finden.*

*Die konsequenteste, aber doch zugleich destruktivste Lösung bieten diejenigen, die die eben genannten Möglichkeiten als Flucht in eine Scheinwelt erkannt haben: die «Junkies», die sich auf dem mühsamen Weg durch Heilanstalten und Entziehungskuren zu Tode fixen.*

*Es ist unrichtig, die heutige Jugend als Besitzer dieser Weltanschauung zu charakterisieren.*

*Der letzte Teil besteht aus den Leuten, die überzeugt sind, daß Freiheit nur in gesellschaftlichem Zusammenhang definiert werden, nicht aber im Alleingang erreicht werden kann. Typisch ist vielleicht für diese Jugendlichen, daß sie unsere heutige Gesellschaftsordnung einerseits ablehnen, andererseits aber bewußt in ihr leben und sie nicht zu umgehen versuchen.*

*Es sind diejenigen, die das System durch politische Arbeit zu verändern suchen: Kampfansage gegen die Gesellschaft. Im Gegensatz zu den vorher beschriebenen Gruppen ist sie die einzige, die das individuelle Problem der Selbstverwirklichung gemeinsam zu lösen versucht.*

*Nach dem obigen Versuch, verschiedene Teile der heutigen Jugend kurz zu beschreiben, sei noch bemerkt, daß es sich bei den letzten beiden Gruppen um zahlenmäßig wesentlich geringere handelt als bei den ersteren.*

*Abschließend läßt sich noch sagen, daß Verallgemeinerungen und Schlagwörter sich zwar manchmal für eine kurze Charakterisierung anbieten, meistens jedoch ungenaue, wenn nicht falsche Darstellungen von Gegebenheiten sind.*

Vielleicht macht dieser Aufsatz etwas deutlicher, daß Johannes in den von ihm beschriebenen Gastfamilien und dem Highschool-Milieu schwerlich solche Gesprächspartner finden konnte, die seine Probleme und das, was ihn umtrieb, verstanden. Man lebte einfach unter zu unterschiedlichen Vorzeichen. Die geistige und gesellschaftspolitische Auseinandersetzung mit einem kompetenten, reifen Menschen hätte ihn in diesem Stadium seines Lebens vielleicht weiterbringen können. Der Lebensablauf jedes Menschen ist ja stark mitbestimmt von seinen Begegnungen mit andern: Den richtigen Menschen zum richtigen Zeitpunkt hat Johannes als Siebzehn-/Achtzehnjähriger leider weder in Deutschland noch in den USA getroffen. Das habe ich immer sehr bedauert.

Johannes lebte nun also in seiner dritten amerikanischen Familie. In einem Brief vom 25. März geht er in ziemlich scharfem Ton auf eine Bemerkung von Jürgen in bezug auf die «Nivellierung des kulturellen Bereichs» und die «Bürokratisierung» in sozialistischen Systemen ein.

*Daß die Kultur im Kapitalismus zur Blüte kommt, kann man doch wohl nicht im Ernst sagen, denn sowas von Niveaulosigkeit im kulturellen Bereich wie in den U.S. gibt's doch wohl kein zweites Mal. Diese Massenverdummung des TV's, wo ununterbrochen Scheißshows laufen, aufgelockert durch knüppeldicke Anti-Kommunismus-Propaganda (groß aufgemachte Vietnamfilme im Hollywoodstil, wo die Amis als Erlöser dargestellt werden, mit u.a. John Wayne, diesem Faschisten, und auch sonst ganz offene Kommunistenhetze).*

*Auch sonst kann ich hier nicht sehr viel Kultur erkennen: Namen klassischer Komponisten sind Fremdwörter, beim Essen hat man größtenteils das Gefühl, daß man entweder Pappe oder Kunststoff ißt, und es kommt häufig vor, daß ich gefragt werde, ob es in Deutschland Telephon gibt, geschweige denn, daß einer mal eine Fremdsprache einigermaßen kann oder sonst irgendwie eine Ahnung hat, was sich jenseits seines begrenzten Horizonts abspielen könnte.*

*Auch über Mangel an Bürokratie kann man nicht klagen. In der Schule wird vor jeder Stunde abgezählt (in Mathe bin ich ‹Nr.36›) und wenn sich der Computer mal geirrt hat und eine Absence list einem einreden will, daß man eigentlich gar nicht da ist, obwohl man doch ganz offensichtlich auf seinem Stuhl sitzt, muß man in den Office rasen (wo man erstmal Schlange stehen muß, da man nicht der einzige ist, dem sowas passiert) und sich nach ärgerlichem Hin und Her mit der ahnungslosen Sekretärtin einen sogenannten Absence slip holen, der dann von jedem Lehrer gezeichnet werden muß.*

*Obwohl der Ostblock für mich überhaupt keine Alternative ist, muß man doch sagen, daß das, was z.B. die Tschecheslowakei an Regisseuren, Schriftstellern, Schauspielern etc. zu bieten hat, wohl im Großen und Ganzen im Vergleich zu einigen kapitalistischen Ländern ein etwas besseres Bild abgibt.*

*Nun bin ich doch etwas ausführlich geworden. Besonders Vater wird wohl ein anderes Bild von den U.S. haben, ich glaube aber, daß ich, in anbetracht der Tatsache, daß ich in drei verschiedenen Städten, Familien und Schulen war, doch ein einigermaßen nüchternes Bild von der ganzen Sache bekommen habe.*

Mindestens waren Johannes' Eindrücke ganz andere als Jürgens, der bei seinen Amerika-Aufenthalten fast ausschließlich mit großartigen Kunstsammlern, mit Museumsdirektoren, Universitätsprofessoren und hochrangigen Galeristen zusammenkam. Beide, Vater und Sohn, hatten also einen recht begrenzten Ausschnitt von diesem riesigen Land kennen gelernt.

In einem Brief vom 7. Mai schreibt Johannes zufrieden über die tägliche Orchesterstunde, begeistert über eine Vorstellung von Marcel Marceau (den er ja schon als Kind leidenschaftlich bewundert hatte) und ein Isaac-Stern-Konzert.

*Das Familienoberhaupt läßt sich nur selten blicken, schaut sozusagen nur ab und zu mal herein, wenn er nicht gerade auf business trips ist oder bei seiner Freundin nächtigt,*

spendiert aber teure Eintrittskarten. Johannes und Marc wirtschaften recht selbständig, und er ist zufrieden, hat in Advanced Art ein abstraktes Mosaik begonnen, freut sich aber, daß die Schule in vier Wochen vorbei sein wird, und bedauert, daß der Rückflug für die Deutschen erst Ende Juli stattfinden soll.

Zum Rücktritt von Willy Brandt am 6. Mai 1974 schreibt er,

*daß man es wenigstens als ein gewisses Zeichen von per-*

*sönlicher Konsequenz anerkennen muß, während sich der Verbrecher Nixon hier ja immer noch über Wasser zu halten versucht.*

Der letzte Brief stammt vom 18. Juni. Mr. E. macht mit Johannes und Marc nach der High School Graduation eine größere Autoreise durch Californien, Nevada, Idaho.

Am 20. Juni 1974 bescheinigt die ENCINAL HIGH SCHOOL in Alameda Johannes:

*He completed courses in Government, French 4, Math Analysis, Advanced Art, Orchestra and Boys' P.E. with excellent grades.*

Das amerikanische Jahr war vorüber.

## Letztes Schuljahr und Studienbeginn

Wir freuten uns alle über Johannes' Rückkehr. Beim Erzählen gab es auf beiden Seiten viele Details nachzuholen. Er wirkte gelassener, argumentierte und urteilte vorsichtiger, das fiel mir auf. Daß er sich täglich die Haare wusch, erklärte er damit, daß es in Amerika undenkbar sei, mit fettigen Haaren in der Öffentlichkeit zu erscheinen.

Die erste Zeit nach seinem USA-Aufenthalt habe ich als recht entspannt in Erinnerung. Sehr bedauerte Johannes, daß er seine Bilder und Malutensilien nicht im Fluggepäck hatte mitnehmen können. Er hoffte, E.s würden sie ihm baldigst nachschicken, was leider nie geschehen ist.

Im August, glaube ich, ging er nochmals auf Reisen, um Freunde zu sehen. In Paris wurde ihm in der Jugendherberge seine Kamera gestohlen. Das hat ihn sehr getroffen. So waren die Voraussetzungen für die beiden Tätigkeiten, die ihn in den USA am meisten beschäftigt und stimuliert hatten und ihm am wichtigsten waren – das Malen und das Fotografieren – zunächst einmal nicht mehr gegeben. Und dabei blieb es dann leider auch.

Johannes wollte die Schule so schnell wie möglich zu Ende bringen. Er beschloß also – entgegen unserm Rat –, die 12. Jahrgangsstufe des Gymnasiums zu überspringen und in seine frühere Klasse einzutreten, obwohl ihm fast der gesamte Stoff fehlte, da er Kurse in Französisch und Mathematik auf der High School nur auf sehr viel niedrigerem Niveau hatte besuchen können, die anderen Fächer seiner Mitschüler in Deutschland aber überhaupt nicht. Er bat uns, ihm

Privatunterricht in Chemie zu bezahlen, und eignete sich in zehn Stunden den Stoff des ganzen Jahres in diesem Fach an, so daß er es mit einer Zwei im Abitur abschließen konnte. Seine Durchschnittsnote im Abiturzeugnis vom 15. Mai 1975 war 2,8. Das war zwar unter den gegebenen Umständen ganz beachtlich, reichte aber natürlich für kein Studienfach mit Numerus clausus.

Das Zeugnis wurde mir übrigens elf Jahre später, am 16. Juli 1986, als «Asservat» zusammen mit seinen Studienbüchern und einigen andern Papieren von der Karlsruher Polizei ausgehändigt. Es war 1985 bei der Durchsuchung seiner letzten Wohnung in der Luisenstraße in Karlsruhe beschlagnahmt worden.

Ich glaube, die Übergabe dieser Asservate durch zwei Polizeibeamte in unserer Ettlinger Wohnung fand am gleichen Tag statt, an dem die Polizeibeamten auch blutverkrustete Fetzen von Johannes' Kleidung, säuberlich in Plastikbeuteln verwahrt, dabei hatten. Die waren nach seinem Tod sichergestellt worden, und man wollte sie uns der Ordnung halber zurückgeben. Da ich die Polizisten aufforderte, sie wieder mitzunehmen, habe ich darüber aber keine datierte Quittungskopie wie über die Papiere.

Solche grausigen Erinnerungsmomente kreuzen gelegentlich den Ablauf meiner Aufzeichnungen, bei denen ich im übrigen versuche, chronologisch und möglichst sachlich vorzugehen.

Johannes' letztes Jahr zu Hause habe ich nicht als extrem schwierig im Gedächtnis. Er arbeitete fürs Abitur, hörte Musik, empfing seine Freunde und Freundinnen – in der Regel von mir möglichst ungestört, in seinem Souterrainzimmer –, ging zur Schule und fuhr abends öfter mal nach Karlsruhe. Bei den Mahlzeiten wurde, so glaube ich mich erinnern zu können, nicht mehr ganz so heftig wie früher debattiert. Nachdem Clemens nach Berlin gezogen war, hatten wir einen Diskutierer weniger, und Johannes war zurückhaltender geworden. Wenn ich mir allerdings vor Augen halte, was alles sich politisch vom Sommer 1974 bis zum Sommer 1975 ereignet hat, so hatten wir reichlich Diskussionsstoff.

Ich zitiere die «Chronologie der Ereignisse» nach dem Buch: «Es war ein harter Kampf um meine Erinnerung. Ein Lebensbericht aus der RAF» (Konkret Verlag Hamburg 1999) von Margrit Schiller.

**1974**

**13. September bis 5. Februar (1975)**

Hungerstreik von vierzig Gefangenen, ihre Forderungen: Keine Sonderhaftbedingungen, Gleichstellung aller Gefangenen (Normalvollzug).

**27. September**

Horst Mahler (der frühere Anwalt) wird wegen seines Übertritts zur maoistischen KPD aus der RAF «ausgeschlossen».

**9. November**

Holger Meins stirbt nach neun Wochen Hungerstreik, zuletzt mit Zwangsernährung, in der Strafanstalt Wittlich. Die unzureichende Zufuhr von Kalorien bei der Zwangsernährung wird als Ursache seines Todes angesehen. Die radikale Linke spricht von Mord, es kommt zu Anschlägen, Demonstrationen in über 40 Städten und auf diesen zu teilweise schweren Auseinandersetzungen mit der Polizei.

**10. November**

Der Präsident des Berliner Kammergerichts, Günter von Drenkmann, wird von einem Kommando der Bewegung 2. Juni bei dem Versuch, ihn zu entführen, erschossen.

**11. November**

Demonstration von 15 000 Menschen in Berlin aus Protest gegen die «Ermordung» von Holger Meins und zur Unterstützung der Hungerstreikenden.

**19. November**
Im Namen der Angehörigen von Holger Meins stellt der Anwalt Rupert von Plottnitz Strafanzeige wegen Mordes bzw. Totschlags gegen Generalbundesanwalt Buback, den Vorsitzenden Richter im Stammheimer Prozeß, Prinzing, den BKA-Chef Herold, sowie gegen den Anstaltsleiter und den Anstaltsarzt.
**29. November**
Horst Mahler wird zu vierzehn, Ulrike Meinhof zu acht Jahren Gefängnis verurteilt.
**4. Dezember**
Jean-Paul Sartre besucht Andreas Baader im Stammheimer Gefängnis, er äußert sich kritisch zu den Haftbedingungen.

1975
**23. Februar**
Das von 20 000 Menschen besetzte Baugelände für das geplante AKW (Atomkraftwerk) in Wyhl wird von der Polizei geräumt.
**27. Februar bis 5. März**
Die Bewegung 2. Juni entführt mitten im Wahlkampf den Berliner CDU-Vorsitzenden Peter Lorenz. Ihrer Forderung nach Freilassung von Verena Becker, Rolf Heißler, Gabriele Kröcher-Tiedemann, Rolf Pohle und Ingrid Siepmann wird nachgegeben. Die Gefangenen werden unter der Begleitung von Pastor Heinrich Albertz in den Südjemen ausgeflogen, Peter Lorenz kommt frei.
**2. März**
Die CDU gewinnt die Wahlen in West-Berlin, der (vorher) entführte Peter Lorenz wird Präsident des Abgeordnetenhauses.
**4. März**
Anschlag der Roten Zora auf das Bundesverfassungsgericht in Karlsruhe. Das Gericht hatte die Fristenlösung beim Schwangerschaftsabbruch abgelehnt.

**März/April**
Die Rechtsanwälte Klaus Croissant, Kurt Groenewold und Christian Ströbele werden vom Stammheimer Prozeß ausgeschlossen.
**24. April**
Das RAF-Kommando «Holger Meins» überfällt die deutsche Botschaft in Stockholm und nimmt zwölf Geiseln. Die Geiselnehmer fordern die Freilassung von 26 Gefangenen (der RAF aus deutschen Gefängnissen). Der Militärattaché Andreas von Mirbach und der Botschaftsrat Heinz Hillegart werden erschossen. Die Botschaft wird gestürmt, und die Geiseln werden befreit. Bei der Befreiungsaktion explodiert eine Bombe, das RAF-Mitglied Ulrich Wessel kommt um, Siegfried Hausner stirbt nach seiner Auslieferung in die Bundesrepublik an seinen schweren Verletzungen. Karl-Heinz Dellwo, Hanna Krabbe, Bernhard Rössner und Lutz Taufer werden festgenommen.
**28. April**
Ronald Fritzsch und Gerald Klöpper von der Bewegung 2. Juni werden in Berlin verhaftet.
**9. Mai**
W. Sauber von der Bewegung 2. Juni wird in Köln bei einem Schußwechsel von der Polizei erschossen, Roland Otto und der schwer verletzte Karl Heinz Roth werden festgenommen.
**10. Mai**
Rechtsanwalt Siegfried Haag wird kurzzeitig festgenommen, nach seiner Entlassung läßt er durch seine Kanzlei mitteilen, daß er in die Illegalität gegangen sei.
**20./21. Mai**
Der «Baader-Meinhof-Prozeß» gegen Andreas Baader, Gudrun Ensslin, Ulrike Meinhof und Jan-Carl Raspe beginnt in Stuttgart-Stammheim.
**6. Juni**
Till Meyer wird bei seiner Verhaftung in Berlin angeschossen.

**Juli**

Aktion der Revolutionären Zellen in Berlin für das «Schwarzfahren»: Fahrscheinautomaten werden lahmgelegt, 100 000 gefälschte Fahrscheine umsonst verteilt.

**30./31. Juli**

Die Bewegung 2. Juni überfällt zwei Banken, erbeutet 100 000 DM und verteilt an die Kunden und Angestellten Schokoküsse.

Johannes und ich gingen in unsern Gesprächen über die Ereignisse von zwei unterschiedlichen Grundpositionen aus. Ich lehnte generell jede Gewalt ab; den Mord an dem Berliner Kammergerichtspräsidenten von Drenkmann und die Entführung des CDU-Abgeordneten Lorenz fand ich ebenso ungeheuerlich wie den Überfall auf die Deutsche Botschaft in Stockholm. Meine Überzeugung war: Gewalt erzeugt immer nur neue Gewalt. Auch Johannes bejahte niemals die Morde, war aber sehr viel staatskritischer, in den USA wie auch hier. Er führte die vom Staat ausgeübte Gewalt bei Demonstrationen und Razzien ins Feld, wußte viel über die Haftbedingungen der Gefangenen und über die Folgen der Isolationshaft. Er hatte wohl bereits Kontakte zu der damals breiten Sympathisantenszene der RAF. Vielleicht hat er auch an Demonstrationen teilgenommen.

Viele Informationen über die Lage der politischen Gefangenen sind mir erst später zugeflossen, oder ich habe sie mir beschafft. Über die sensorischen und perzeptuellen Deprivationen durch die damals häufig angewendete Isolationshaft las ich zwei Jahre später u.a. den Aufsatz des Berliner Professors Dr. Wilfried Rasch: ‹Die Gestaltung der Haftbedingungen für politisch motivierte Täter in der Bundesrepublik Deutschland›, Monatsschrift für Kriminologie und Strafrechtsreform, 59. Jahrgang, Heft 2/3 , Juni 1976. Johannes hat später aus eigenem Erleben über die Isolation berichtet;

neben vielen anderen schildert Margrit Schiller in ihrem oben erwähnten Buch eindringlich ihre persönlichen Erfahrungen im Toten Trakt.

Johannes' Grundthema war und blieb: Kapitalismus oder Sozialismus. Wir waren uns einig in der Ablehnung des diktatorischen Staatssozialismus in den Ostblockstaaten. Der Sturz des ersten frei gewählten sozialistischen Staatspräsidenten Salvador Allende in Chile dagegen hatte Johannes schwer erschüttert, zumal er der Ansicht war – wie sich herausstellen sollte: mit Recht –, daß die CIA dabei ihre Hände im Spiel gehabt hatte, ebenso wie die USA das Kuba des Sozialisten Fidel Castro durch das rigorose Handelsembargo in die Knie zwingen wollten. Auch für China interessierte sich Johannes über das damals übliche Zitieren aus Mao Tse-Tungs «Rotem Buch», der sogenannten Mao-Bibel, hinaus, die wir natürlich auch im Haus hatten. Mit großem Gewinn las ich auf Johannes' Anregung hin z. B. das Buch des schwedischen Journalisten Jan Myrdal: «Bericht aus einem chinesischen Dorf», dtv München, 3. Aufl. Mai 1972. Wohl aus dem politischen Interesse an China heraus entstand Johannes' Entschluß, Sinologie zu studieren.

Er hatte die Anerkennung als Kriegsdienstverweigerer beantragt, mußte aber nicht das ganze Verfahren durchlaufen, da er von der Bundeswehr laut Bescheid vom 16. Februar 1976 vom Kreiswehrersatzamt Tübingen als nicht wehrdienstfähig ausgemustert wurde. Grundlage war wohl das fachärztliche Attest, das den Verlauf der in der Kindheit aufgetretenen sogenannten Dämmerattacken-Epilepsie beschrieb, aber auch besagte, daß bei der letzten Untersuchung am 7.3.75 neurologisch und psychisch kein krankhafter Befund vorgelegen hätte. Doch hielt der Arzt eine sehr regelmäßige Lebensführung für erforderlich und Johannes daher nur für innendienstfähig.

Wie ich dem ebenfalls im Zuge der «Asservatenbereinigung»

in meine Hände geratenen Führerschein entnehme, bestand Johannes im September '75 die Fahrprüfung der Klassen 1 und 3. Wir haben unsern Söhnen den Führerschein Klasse 3 als nach unserer Meinung zur Ausbildung gehörig bezahlt. Die Motorrad-Fahrerlaubnis mußte er sich selbst verdienen. Er kaufte sich auch bald, *second* (oder eher *fourth*) *hand*, eine Maschine, an der er viel herumreparierte, aber mit der er auch ab und an von Tübingen kam.

Dort hatte er sich für das Wintersemester 1975/76 immatrikuliert und Vorlesungen und Übungen in Politikwissenschaft, Sinologie und Soziologie belegt (auch einen Proseminarschein finde ich bei seinen Papieren), ebenso im Sommersemester 1976.

Gelegentlich brachte er bei seinen Besuchen, die wohl nicht zuletzt der Benutzung unserer Waschmaschine und dem Besuch eines Karatekurses dienten, eine Freundin mit, die dann auch mal überraschenderweise vormittags frühstükkend an unserm Küchentisch saß.

In der ersten Zeit seines Studiums erklärte er mir ein paar Mal, sichtlich interessiert, die Ähnlichkeit bestimmter chinesischer Laute ganz verschiedener Bedeutung oder den Zusammenhang von Schriftzeichen, die er mit sicherer Hand aufmalte. Später äußerte er sich enttäuscht über die sehr theoretische und lebensferne Art der Lehrveranstaltungen. Mehr Fakten wollen mir, auch bei intensivem Nachdenken, zu diesem für Johannes offensichtlich prägenden Jahr des Studienbeginns zunächst nicht einfallen.

Die bedrückendste Erfahrung jener Zeit erscheint mir nachträglich das Aneinandervorbei-leben mit Menschen, die einem nahegestanden haben, und ebenso das Aneinandervorbei-reden. Das gilt für die damals fehlende Kommunikation mit Clemens genau so wie für die mit Johannes. Wir konnten uns beim besten Willen gegenseitig einfach nicht erreichen. So muß ich mir klar machen, wie wenig ich eigentlich über Johannes und sein damaliges Leben weiß. Ich kann nur versuchen, mir den aufgeweckten, gerechtigkeitsversessenen, gegen alles Autoritäre überempfindlichen Johannes, zum ersten Mal frei von Elternhaus und Schule, in der damals brodelnden Universitätsstadt Tübingen vorzustellen.

Um mir vor Augen zu führen, welche Ereignisse Johannes im Jahr 1976 erregt haben müssen, nehme ich noch einmal die «Chronik der Ereignisse» von Margrit Schiller zu Hilfe:

**16. Januar**
Verabschiedung der Paragraphen 88a und 130a, die die Verbreitung und den Besitz von «Gewalt befürwortenden» Schriften unter Strafe stellen.

**20. Januar**
Ulrike Meinhofs Verteidiger Axel Azzola stellt im Stammheimer Prozeß den Antrag, die Angeklagten als Kriegsgefangene anzuerkennen und das Verfahren abzubrechen.

**16. März**
In Hamburg werden Irmgard Möller und Gerhard Müller zu viereinhalb und zehn Jahren Haft verurteilt. Müller, der wegen Ermordung eines Polizisten vor Gericht stand und mit der Anklagebehörde zusammenarbeitete, erhielt erheblichen Strafnachlaß.

**26. März**
Eberhard Dreher und Andreas Vogel werden wegen Mitgliedschaft in der Bewegung 2. Juni verhaftet.

**9. Mai**
Ulrike Meinhof wird in Stuttgart-Stammheim tot in ihrer Zelle aufgefunden.

**24. Juni**
Das erste «Anti-Terror-Gesetz» wird vom Bundestag verabschiedet. Der Schriftverkehr zwischen Gefangenen und Anwälten kann überwacht werden. Anwälte dürfen nur

noch einen Mandanten verteidigen, und mit dem Paragraphen 129a wird der Straftatbestand der «Bildung und/oder Mitgliedschaft in einer terroristischen Vereinigung» geschaffen.

**27. Juni**

Ein palästinensisches Kommando unter Beteiligung der Revolutionären Zellen (RZ) entführt eine Air-France-Maschine mit über 250 Passagieren nach Entebbe in Uganda. Es fordert die Freilassung von 53 in verschiedenen Ländern einsitzenden Gefangenen, darunter aus der Bundesrepublik: Werner Hoppe, Jan-Carl Raspe, Ralf Reinders, Ingrid Schubert, Fritz Teufel, Inge Viett. Unter den Passagieren befinden sich rund 100 israelische Staatsbürger und Juden anderer Nationalität. Das Kommando «selektiert» die Geiseln und läßt die nicht-jüdischen Passagiere frei. Eine israelische Militäreinheit stürmt den Flughafen, befreit die Geiseln und erschießt die Kommando-Mitglieder, darunter Wilfried Böse und Brigitte Kuhlmann von den RZ.

**7. Juli**

Monika Berberich, Juliane Plambeck, Gabriele Rollnik und Inge Viett (RAF/Bewegung 2. Juni) brechen in Berlin aus dem Gefängnis aus.

**21. Juli**

Monika Berberich wird festgenommen.

**30. Oktober**

Mehrere tausend Menschen besetzen den Bauplatz des geplanten AKW's Brokdorf.

**13. November**

30 000 protestieren in Brokdorf gegen den geplanten Bau eines Atomkraftwerks. Zwischen Demonstranten und Polizei kommt es zu schweren Auseinandersetzungen.

**30. November**

Siegfried Haag und Roland Mayer werden festgenommen.

Für den zwanzigjährigen Johannes war dies gewiß kein Jahr für stille Lesestunden in der Universitätsbibliothek. Er teilte uns denn auch nach dem Sommersemester mit, daß er das Studium abbrechen beziehungsweise die Studienfächer wechseln und zunächst mit in Clemens' Wohngemeinschaft in Karlsruhe ziehen wolle.
Einzelheiten entnehme ich der Kopie eines am 13.9.76 datierten Briefes von Jürgen, in dem er Johannes bittet, am folgenden Mittwoch zum Abendessen zu uns zu kommen, und zum Nachdenken über ein Gespräch schon einmal den eigenen Standpunkt darlegt. Johannes hatte Sport und Geschichte als seine möglichen künftigen Fächer genannt, und irgendein drittes Fach, etwa Philosophie – mit dem Studienziel eines Magisterabschlusses. Jürgen erklärt ihm, daß ein Sportstudium nur mit Staatsexamen zum Lehrerberuf führe, daß ernsthaft Geschichte zu studieren aber nur Sinn habe mit Nebenfächern, die das Fach ergänzen. Auch solle man den Studienort nicht unbedingt nach seinen Freunden richten, man könne überall neue Freunde finden. Schließlich kommt er noch auf Johannes' Äußerung zurück, daß der Arztberuf der einzige sei, der ihn wirklich locken könnte. Jürgen schreibt ihm, ich hätte die Möglichkeit erkundet, daß man als Deutscher, unabhängig vom Abiturnotendurchschnitt (den er aber fairerweise nicht erwähnt), in Gent Medizin studieren könne. Das alles wird in moderatem, liebevollem Ton vorgebracht.
Es müssen noch ein oder zwei Gespräche in dieser Richtung stattgefunden haben, die jedoch ohne befriedigendes Ergebnis blieben. Das konnte auch gar nicht erzielt werden, denn, wie sich bald herausstellen sollte, war Johannes mit ganz anderen Problemen beschäftigt.

## Auf einem anderen Weg

Ich weiß es heute noch nicht: Wollte er unbewußt einen Bruch mit uns herbeiführen, um sich selbst den Absprung zu erleichtern, oder sah er uns damals wirklich so, wie er es uns vorwirft. Die beiden folgenden Briefe, seiner und meiner, zeigen die völlig verfahrene Situation.

*K'he, 12.11.76*

*Liebe Mutter,*

*ich habe eigentlich keine Lust, zu euch zum Essen zu kommen.*

*Ich bin mir darüber im klaren, ihr wollt nicht mich sehen, sondern ihr wollt sehen, ob und wie ich studiere. Das drückt sich auch in euren Briefen aus, in denen die Studienbescheinigung für «unsern Antrag auf Steuerermäßigung» einen primären Platz einnimmt. Ich habe deshalb schlicht keine Lust. Ich bin kein ABC-Schütze, der euch seine Hausaufgaben vorzeigt. Für mich haben die monatl. 500,– nicht die zentrale Bedeutung wie für Clemens. Aber meine finanzielle Abhängigkeit ist für euch leider schon ziemlich lange die Basis für die Beziehung von euch zu mir. Sie ist auf jeden Fall immer Thema No. 1 wenn ich bei euch bin. Jedes Mal wird mir mehr oder weniger offen gedroht, ihr würdet aufhören zu zahlen, falls ich nicht «voll» studiere. Diese eure Bedingungen akzeptiere ich nicht mehr.*

*Falls noch Post für mich kommt (evtl. Kfz.Versich. etc.), schickt sie bitte gleich weiter.*

*Soviel für heute,*

*Johannes*

*16.11.*

*Lieber Johannes,*

*Dein Brief vom 12.11. hat mich mit großer Sorge um Dich erfüllt. Wir hatten uns auf den Abend mit Dir gefreut in der Hoffnung, ein gutes Gespräch mit Dir zu haben. Ich hatte vorher schon einen langen Brief an Dich geschrieben, ihn dann aber zerrissen aus Scheu, Du könntest ihn zu gefühlvoll finden.*

*Unsere unterschiedlichen politischen Auffassungen in den letzten Jahren haben sich – trotz mancher heftiger Worte – bei mir nie so ausgewirkt, daß ich nicht mit großer Liebe an Dir hänge. Ich habe aber immer Deinen Drang zur Unabhängigkeit respektiert und deshalb vermieden, Dich mit Muttergefühlen zu belasten. Dadurch hast Du vielleicht den Eindruck gewonnen, als stehe ich Dir mit Kühle gegenüber. Das ist nie der Fall gewesen.*

*Ich sehe seit Jahren mit wachsendem Kummer, wie Du Dich mit Härte von andern Menschen isolierst – nicht nur von uns – und habe schon viel darüber nachgedacht, wo die Wurzeln dafür zu finden sind. Die Antwort habe ich noch nicht gefunden, habe auch mehr und mehr Angst bekommen, ob sie in Gesprächen, mindestens in dem jetzigen Stadium, zwischen so verletzlichen Menschen, wie wir beide es sicher sind, zu finden ist. Trotzdem habe ich immer wieder gehofft, Dir ein bißchen näher zu kommen und Dir vielleicht helfen zu können, wenn Du in Schwierigkeiten bist, und Dir zu zeigen, daß wir Dir sehr zugetan sind. In diesem Sinne war auch unsere Einladung zum Abendbrot letzte Woche gedacht.*

*Haben wir uns wirklich zu sehr in Deine Angelegenheiten gemischt? Als Du uns mitteiltest, daß Du das Sinologie-Studium abgebrochen hast, haben wir das Gastsemester in Heidelberg akzeptiert in der Hoffnung, daß Du dort in der Zwischenzeit einen guten Weg für Dich findest. In unserm*

*Gespräch damals war wirklich unser einziges Bestreben, mit Dir gemeinsam eine realisierbare Ausbildung zu finden, die Deinen Fähigkeiten entspricht und Dir später eine für Dich sinnvolle Arbeit ermöglicht. Das ist auch nach wie vor unser größter Wunsch für Dich.*

*Du sagtest damals, Du hättest Dich für alle Fälle in Tübingen zurückgemeldet, so daß wir der Ansicht waren, Du könntest von dort mühelos eine Immatrikulationsbescheinigung bekommen, die wir für den Eintrag in Vatis Lohnsteuerkarte '77 für Kinder in der Ausbildung benötigen und von Deinen Brüdern selbstverständlich ebenso angefordert haben wie von Dir. Dies nur zu Klärung, damit nicht immer neue Missverständnisse entstehen.*

*Ich hoffe und glaube nicht, daß wir Dir so Schlimmes angetan haben, daß Du uns gar nicht mehr sehen willst. Du bist uns jederzeit willkommen.*

*Deine Mutter.*

Das nächste erhaltene schriftliche Dokument ist ein (bruchstückhaftes) Tagebuch, das ich am 12.12.76 angefangen habe zu schreiben. Ich zitiere den ersten Eintrag:

*Am 6.12.76 gegen 16 h erschienen in unserer Wohnung in Ettlingen drei Herren der Polizei, um Auskünfte über unsern Sohn Johannes zu erhalten. Zwei der Herren wiesen sich als Beamte des Bundeskriminalamtes, Abt. Te (Terror), aus, mit Namen C. und A. Ein dritter gehörte der Karlsruher Kriminalpolizei an. Die Herren erklärten mir, daß Johannes unter dem Verdacht stehe, eine kriminelle Vereinigung zu unterstützen. Herr C. machte mich darauf aufmerksam, daß ich nicht ohne Beisein eines Anwalts aussagen müsse. Sie fragten zunächst, ob Johannes hier noch wohne und wann ich ihn zuletzt gesehen habe. Ich antwortete, daß er hier seit über einem Jahr nicht mehr wohne, auch keine persönlichen Dinge hier aufbewahre und daß ich ihn zum letzten Mal am Samstag, den 4.12.76, bei uns*

*gesehen habe. Ich wurde gefragt, ob ich etwas Besonderes an ihm bemerkt habe. Ich verneinte. Auf weitere Fragen antwortete ich, daß wir wüßten, daß er Probleme habe z. B. bezüglich seiner Ausbildung ... Ich wurde nach Johannes' Adresse gefragt und gab die in der Schillerstraße in Karlsruhe an, unter der wir ihn in letzter Zeit erreicht haben.*
*Die Herren meinten dann, ob ich meinen Mann herbitten könnte. Ich rief Jürgen im Museum an und erklärte ihm kurz die Situation. Ich gab Jürgen die Telefonnummer unseres Bekannten RA Dr. Z. Herr C. schaltete sich in das Gespräch ein und fragte Jürgen am Telefon nach bestimmten Hobbies von Johannes. Jürgen nannte künstlerische und technische Begabung. Jürgen erreichte Z. nicht und wendete sich an RA Udo M.-W., den er dann mit einem Taxi abholte und nach einer Stunde etwa mit in unsere Wohnung brachte.*
*In der Zwischenzeit versuchten die Herren, mit mir ins Gespräch zu kommen. Ich wurde immer wieder nach Bastelinteressen unseres Sohnes gefragt, ob ich Chemikalien, Kochbücher, evtl. elektronische Bastelteile bei ihm gefunden hätte. Ich verneinte dies alles. Nach der politischen Richtung befragt, anwortete ich, daß er links stehe. Ich wurde gefragt, ob ich die Wohnung meiner Söhne in der Schillerstraße je besucht habe. Ich verneinte. Wer dort wohne? Ich nannte die mir bekannten Namen, die man aufschrieb, während meine sonstigen Angaben, außer der Telefonnummer von Z., nicht notiert wurden. Man deutete mir an, daß Johannes zur Stunde festgenommen werde wegen «Gefahr im Verzuge». Ich wurde gefragt, ob ich die Namen Haag, Meyer, Sabine S. von Johannes gehört habe. Ich verneinte. Ich wurde nach früheren Freundinnen unseres Sohnes gefragt und gab keine Namen an mit der Begründung, ich möchte nicht, daß andere durch mich in diese Angelegenheit hineingezogen würden.*

*Nachdem Jürgen mit Udo hier eingetroffen war, wurden an Jürgen fast die gleichen Fragen gestellt (Chemie, Bastelei, Elektronik, Kochbuch, außerdem Liebe zu Waffen oder Waffenbesitz). Jürgen erläuterte Johannes' technische Begabung dahin, daß er ein Motorrad oder sein Auto reparieren könne. Welche Farbe sein Auto gehabt habe? Weißer VW, nach unserer Information inzwischen nicht mehr fahrfähig. Ob wir Johannes zutrauten, unter Einfluß einer andern Person kriminelle Handlungen zu begehen. – Nein.– Sei er impulsiv? Ich: Sensibel und verschlossen. Nachdem wir unsere Wohnverhältnisse (Aufgabe des 2. Souterrainzimmers, jetziges Souterrainzimmer als Gastzimmer) glaubhaft dargelegt hatten, wurde, nach zweimaligem Telefonat von Herrn C. mit seiner Dienststelle, davon abgesehen, die Wohnung näher zu inspizieren. Herr C. hinterließ seine Telefonnummer, unter der er jederzeit erreichbar sei. Wir sollten uns die 19 Uhr-Nachrichten ansehen. Johannes habe aber damit nichts zu tun.*

*In den Nachrichten sahen wir, daß außer dem früheren Rechtsanwalt Haag ein Roland Mayer und eine Sabine S. verhaftet seien. Gefahndet werde nach Christian Klar, Knut und Uwe Folkerts, Günter Sonnenberg.*

Am nächsten Tag, dem 7.12.76, telefonierte Jürgen mehrfach unter der angebenen Nummer mit einem Kriminalhauptkommissar B., Leiter der Karlsruher Einsatzgruppe des Bundeskriminalamtes Bonn, Abt.Te 11. Jürgen hielt den Inhalt der Gespräche in dem von mir begonnenen Tagebuch fest. Herr B. informierte ihn, daß Sabine S., mit der Johannes in der Baumeisterstraße zusammenwohne (was wir nicht wußten), am 1.12. verhaftet worden sei. Auch Johannes sei auf der Polizei vernommen, dann aber wieder entlassen worden. B. wolle zunächst unterstellen, daß Johannes nur am Rande betroffen sei. Sabine S. sei festgenommen, als sie offenbar von der «Ausräumung eines Depots» zurückkehrte, «mit schmutzigen Schuhen, einen Container in den Händen.» KHK B. rief dann Jürgen nochmals an, ob er nicht mit Johannes sprechen wolle, ihm zureden, alles zu sagen, was er wisse, dann könne vielleicht seine Unschuld aufgeklärt und er sofort entlassen werden. Jürgen antwortete ihm: Er kenne seinen Sohn, er würde niemals einen Menschen, mit dem er befreundet sei, belasten, und auch er könne Johannes das auf keinen Fall empfehlen, wenn er nicht sein Vertrauen für immer verlieren wolle.

Am Nachmittag kündigte der KHK dann bei Jürgen telefonisch an, daß Johannes gegen 17 Uhr entlassen würde. Jürgen verständigte mich, ich kam nach Karlsruhe, wir wollten Johannes abholen. Während des Wartens auf ihn wurden wir nebenbei noch von verschiedenen Polizeibeamten ausgefragt. Naturliebe? Wandern? WG Ammerhof in Tübingen? Schließlich kam Johannes und schien erstaunt, uns zu sehen. Mit nach Hause kommen wollte er nicht. Wir gingen in eine Gastwirtschaft. Er forderte Rechenschaft über das, was wir der Polizei gesagt hätten, man hatte das alles in seinen Verhören anklingen lassen. Wir erklärten ihm, daß uns die ganze Situation ja völlig überrascht habe und wir wirklich nicht die Absicht gehabt hätten, Indiskretionen zu begehen. Er sagte, solche Dinge würden heute alle zu einem Psychogramm zusammengesetzt, das dann die Behandlungsart von Inhaftierten bestimme. Wir baten ihn nochmals, mit nach Ettlingen zu kommen und sich nicht durch Isolierung immer mehr in schlimme Dinge hineinreißen zu lassen. Er wollte aber zunächst in die Baumeisterstraße gehen und dort aufräumen.– Übrigens hatte Jürgen ihm angeboten, für ein Jahr weiter monatlich 500 Mark zu überweisen, damit er nicht aus finanziellen Gründen in Druck geriete und Zeit hätte, zu sich zu kommen.

Wir standen in jenen Tagen unter dem Schock von Johannes' Festnahme und litten unter der Fremdheit zwischen

unserm Sohn und uns. Wir hatten nichts mehr über ihn gewußt im letzten halben Jahr und suchten in unsern Gesprächen auch nach unserm eigenen Versagen.
Alles was in den folgenden Wochen und Monaten geschah, war neu und fremd für uns. Ich habe es in meinen Notizen damals möglichst genau und sachlich festgehalten, ohne das Wichtige vom Unwichtigen unterscheiden zu können. Heute versuche ich, das Wesentliche herauszufiltern.
Zum einen begann sich bei mir ein Mißtrauen gegen die Polizei zu entwickeln, die keine Gelegenheit ausließ, in Telefonaten und bei einem neuerlichen Besuch bei uns nach irgendwelchen Einzelheiten zu fragen, von denen wir nicht wußten, was sie zu bedeuten hatten. So wurde zum Beispiel eine Schriftprobe von Johannes, möglichst ein Brief aus letzter Zeit verlangt («nur um eine Spur auszuschalten»), oder wir sollten irgendwelche bei ihm gefundenen Fotos identifizieren. Wir verweigerten das jetzt alles.
Ein anderes verwirrendes Beispiel:
Der Bruder von Knut Folkerts, Uwe, nach dem laut Fernsehen und Presse angeblich ebenfalls gefahndet wurde, dementierte in den Badischen Neuesten Nachrichten, mit der ganzen Sache etwas zu tun zu haben. KHK B., von mir in einem Telefonat (wegen einer anderen Angelegenheit) darauf angesprochen, daß wir es doch gern vermieden wissen möchten, auch noch Johannes' Brüder in solcher Form in die Verdächtigungen einbezogen zu sehen, anwortete darauf: Papier sei geduldig, Presseleute behaupteten viel, die Polizei sei immer der Prügelknabe, sie hätten sich in all den Jahren einen breiten Puckel zugelegt.
Da wir mehrmals versucht hatten, Johannes in der Baumeisterstraße anzutreffen und ihm dort Briefe zu hinterlassen, waren wir mit dem dortigen Hauswirt, einem Herrn J., in Kontakt gekommen. Dieser erschien am 8. Dezember mit seiner Frau bei mir in Ettlingen, während Jürgen auf einer

Dienstreise war, mit der Bitte um Veranlassung, daß die Wohnung von Sabine S. und Johannes geräumt würde. Herr J. war bei der Kriminalpolizei gewesen und von dort zu Bundesanwalt L. geschickt worden, der hatte ihm angeblich den Rat gegeben, sich an uns zu wenden, damit wir Vollmacht an eine Speditionsfirma gäben und die Räumung ohne Aufsehen (Polizei, Presse) in aller Diskretion vor sich gehe. Wie sich sehr bald herausstellte, entbehrte dieses Ansinnen jeder rechtlichen Grundlage. Doch war ich natürlich, ohne Jürgen oder Udo, unsern Rechtsanwalt, erreichen zu können, tief beunruhigt.

Herr J. schilderte dann noch die Festnahme der Sabine S., die stundenlange Wohnungsdurchsuchung, die Reaktion der Nachbarn. Es sei bereits ein Reporter dagewesen, Frau J. habe das Klingelschild der Mieter an der Haustür entfernt.

Noch am gleichen Abend schrieb ich an Johannes einen kurzen Brief, man habe mir gesagt, seine Wohnung solle geräumt werden, er möge doch zu uns kommen, um zu überlegen, was nun werden solle. Ich brachte den Brief in die Baumeisterstraße in der Hoffnung, Johannes anzutreffen. Es öffnete aber niemand, und der Briefkasten befand sich im Hausflur. Ich mußte also bei Herrn J. klingeln, der mich zu Johannes' Wohnung führte. Bei dieser Gelegenheit machte ich die unbedachte Äußerung, daß das Namensschild hier oben ja der Reporter wegen auch besser verschwände (an der Haustür hatte es ja Frau J. bereits entfernt), sollte aber bald erkennen, daß ich zu solchen Ratschlägen keinerlei Befugnis hatte.

Drei Tage später erhielt ich folgenden Brief:

*10.12.76*

*Liebe Mutter,*

*Du schreibst «man hat mir heute gesagt, daß Deine Wohnung geräumt werden muß». Eins mach Dir klar: ich lasse mich nicht evakuieren, ich lasse mir auch keinen Judenstern verpassen.*

*Der Gestapo-Blockwart J. war offenbar bei Dir und Du warst auch hier und hast seiner Aussage nach versucht, unser Klingelschild zu entfernen. Ich kann nur hoffen, daß er gelogen hat. Mir ist natürlich klar, daß ich plötzlich ein Dorn in Eurer dämmrig-elitären Wohnzimmerkultur geworden bin. Daß Du Dich aber mit so einem Schwein gegen mich zusammenschließt, trifft mich sehr.*

*Wenn der J. uns kündigen will, kann er es ja machen. Das heißt aber nicht, daß ich mich hier wegräumen lasse! Ich kenne Mütter, die können von sich sagen, sie hätten während des Hitlerfaschismus Widerstandskämpfern über die Grenze geholfen. Daß ihr euch immer angepasst habt, hat bei Euch Geschichte.*

*Wenn du Dich jetzt aber von so einem jämmerlichen Spießer gegen mich aufbringen läßt, ist mir wirklich nicht mehr klar, wo die Substanz in einem Mutter-Sohn-Verhältnis sein kann.*

*Ich hoffe wirklich, daß Du das alles entkräften und klar stellen kannst.*

*Johannes.*

Ich war tief deprimiert über diese Unterstellungen, über diesen Ton (was uns später nicht davon abgehalten hat, die «dämmrig-elitäre Wohnzimmerkultur» gelegentlich zu zitieren).

Ehe wir diesen Brief erhielten, war Jürgen erneut in der Baumeisterstraße gewesen, ohne Johannes anzutreffen. Herr J. hatte die Haustür geöffnet und ihn in sein Büro gebeten. Er erzählte ausführlich von der Festnahme am 1. Dezember. Johannes sei am Abend wiedergekommen, später sei eine Person weggegangen, seine Frau habe weiter Schritte gehört und so weiter. Die Polizei sei am nächsten Tag in Johannes' Abwesenheit noch einmal wiedergekommen, er, Herr J., habe die Wohnung aufgeschlossen, und sie hätten alles durchsucht, manches mitgenommen, die Räume fotografiert. Herr J. hatte also einen Schlüssel zu der Wohnung. Am 6. Dezember dann hätten sich die von ihm hereingelassenen fünf oder sechs Polizisten mit gezogenen Pistolen hinter die Tür gestellt und Johannes erwartet. Bereits nach der Festnahme von Frau S. habe er Johannes gesagt, daß er ausziehen müsse, Johannes habe aber gar nicht reagiert. Schließlich zeigte Herr J. Jürgen noch acht bis zehn Polaroidfotos von der Wohnung, die er selbst angefertigt hatte! Johannes hatte recht: Dieser Mann hatte eine Blockwartmentalität.

Zudem lagen in seinem unordentlichen, schmuddeligen Büro zu Jürgens Befremden überall mehr oder weniger schlüpfrige Aktfotos aus Zeitschriften, in Klarsichthüllen verwahrt, herum, die, so erläuterte Herr J., er gerne öfters anschaue, seine Augen seien jung geblieben. Das alles machte uns den ehrenwerten Handwerksmeister und Hausbesitzer nicht unbedingt sympathischer.

Jürgen hinterließ im Briefkasten einen liebevoll geschriebenen Zettel, daß Johannes sich melden solle. Nachdem er zu Hause dann Johannes' Brief an mich gelesen hatte, antwortete er ihm an meiner Stelle, er sei erschrocken, wie schnell sich bei ihm gewisse Informationen zu einem negativen Bild seiner Eltern verdichteten. Er klärt den Sachverhalt auf und fährt fort:

> *Es besteht bei niemand der geringste Zweifel, dass Du nur allein auf die Dir angemessen erscheinende Weise auf die Kündigung von J. reagieren kannst. Unsere, zunächst Ulrikes, große Sorge ist, du könntest jetzt, wo Du sicher Probleme und eine schwierige Zeit hast, auf der Straße stehen. Daher unser Angebot, zunächst zu uns zu kommen.*
>
> *Wenn wir nach Deiner Ansicht in dieser Situation, in der Du in den Verdacht einer Verbindung zu einer kriminellen Vereinigung geraten bist, uns falsch verhalten, so mache Dir bitte klar, dass wir weder Jura noch Kriminalistik stu-*

*diert haben und uns der gesamte Sachverhalt sehr, sehr fremd ist.*

*Du bist uns gewiss kein «Dorn in unserm Leben». Ich wiederhole es heute und werde bis an mein Lebensende so denken und empfinden: Du bist unser Sohn, den wir, wie Deine Brüder, mit großer Liebe aufgezogen haben und den wir unvermindert fort lieben, auch wenn unsere Gedanken durch Welten getrennt sein sollten.*

Im Lauf des Dezember 1976 und in den folgenden Monaten hatten wir dann mehrmals brieflich Kontakt mit Johannes oder er kam bei uns vorbei. Zweimal ging es um eine Lithographie von Picasso, die ihm früher von einer Patentante geschenkt worden war und die er verkaufen wollte, wofür er Jürgens Rat einholte. Dann brauchte er einen Krankenschein. Er wusch seine Wäsche und badete bei uns. Clemens besuchte ihn gelegentlich, und in seinen Semesterferien dann auch Christian. Mit uns kam es außer unserer immer wieder besorgten und ihn wahrscheinlich sinnlos nervenden Hauptfrage, wie alles weitergehen solle, auch mehrmals zu grundsätzlichen Gesprächen, so auch am 22.12. eine halbe Nacht lang. Darüber schrieb ich in mein Tagebuch:

*Sein Hauptargument: Wir wollten gar nichts verändern, deshalb brauchten wir uns auch über den Weg nicht zu unterhalten. Unser Hauptargument: Wenn man nichts kann, nichts gelernt hat, kann man auch nichts verändern. – Die BRD sei mitschuldig an Chile... Min. Präs. Albrecht habe sich öffentlich zur Folter in bestimmten Fällen bekannt... Viele Einzelfakten, die ihn offensichtlich ratlos machen, viel Im-Kreise-drehen auch bei uns. Immerhin scheint er doch irgendwie noch das Gespräch mit uns nicht ganz abzulehnen.*

Am 13.1.77 folgte eine Diskussion ähnlichen Inhalts: Min. Präs. Albrechts Äußerungen über Folter, Behandlung der Gefangenen bei uns, BRD gibt Brasilien Milliardenkredite.

Am 24.1. schreibt Jürgen ihm nochmals einen grundsätzlichen Brief, in dem er den bisherigen Verlauf von Johannes' selbst gewähltem Studium rekapituliert und ankündigt, daß wir ihm und Clemens (der auch gerade seine Fächer wechseln wollte), das Studium fortan nur bezahlen möchten, wenn wir vorher die Fächerkombination besprochen hätten. Am 30.1. ist Johannes wieder eine halbe Stunde bei uns, um sein Picasso-Blatt zu holen. Jürgens Vorschlag, daß er nach dem verlorenen Semester im März/April fairerweise vielleicht mal arbeiten könne, sieht er als typisch für unsere Haltung an. Er wirft mir wieder vor, daß ich nie versucht hätte, ihn zu verstehen.

Auf einen 3-Zeilen Brief von mir Mitte Februar:

> *Lieber Johannes, anbei die Krankenscheine. Hoffentlich hast Du nichts Arges. Es tut mir leid, daß z.Zt. alles so schief zwischen uns läuft. Liegt es nur an mir? M.»*

bekam ich folgenden Brief in Maschinenschrift:

> *21.2.*
>
> *hallo, was mich aufregt ist dein moralisches lamentieren («liegt es nur an mir?»), natürlich nicht, wieso auch es sind ja wir beide die sich mit ihren bedürfnissen gegenüberstehen. «dass es so schief läuft zur zeit», hat seine ursache dadrin.*
>
> *nochmal: was mich aufbringt, ist dass du dich weigerst mich wahrzunehmen als mensch mit ner identität, die ist nun mal ne antifaschistische. meine perspektive: befreiung von herrschaft, die drückt sich hier in verdummung, gezielter desorientierung, geistiger ausbeutung mittels des monopols an produktionsmitteln im propagandabereich, vereinzelung und natürlich auch in entfremdeten, kaputten beziehungen aus.*
>
> *obwohl ich dazu schon jahrelang was gesagt hab, weigerst du dich stur das wahrzunehmen und den einzigen draht, den du zu mir herstellen kannst, ist der dass du alles dran-*

*setzt mich in dieses korrupte system möglichst reibungslos zu integrieren. damit meint ihr natürlich nicht industriemanager/wirtschaftsprüfer etc, nein: fr-redakteur, künstler, exotischer wissenschaftler, arzt. und wenn sich dann rausstellt, dass ich mich da fürn moment nicht zurechtfind, was neues machen will, dann wisst ihr gleich nicht mehr was mit mir los ist, wer ich bin, was ich will. weil das eben euer einziger bezugspunkt ist: ob einer schafft und was einer schafft. also: ich studiere ab ss 77 philosophie und geschichte, ganz gleich ob euch das zukunftsträchtig scheint oder nicht. im moment bin ich noch in tübingen immatrikuliert. wenn ich mich recht entsinne, haben wir mal ausgemacht, dass ihr mir acht semester (obwohl in der zeit kein mensch ein studium machen kann) 500.- bezahlt, solange ich euch die semesterbescheinigungen abliefere. das ist bis jetzt geschehen. ich verlange von euch nicht mehr aber das verlange ich, dafür habe ich dreizehn jahre auf der schulbank gehockt. das tut euch auch nicht weh, wie ihr selber gesagt habt. und mit deiner pensionszeit, vater, kollidiert das ja auch nicht. ich verlange von euch, das ihr wort haltet.*

*noch was andres: da sabine nun schon fast 1/4 jahr ohne konkrete anklage und beweise im knast der vernichtungshaft ausgeliefert ist, muss ich immer damit rechnen, dass mich die gestapo auch eines nachts holt oder zumindest dabei ist was gegen mich aufzubauen (zurechtzukonstruieren). dazu wird sie möglicherweise noch mal zu euch kommen. macht euch klar, dass alles was ihr denen über mich erzählt (auch wenn die sagen ob ihr was «entlastendes» über mich wisst, auch wenn ihr am telefon über mich redet) gegen mich verwendet wird. gerade weil die nichts gegen mich haben werden die jede information gegen mich verdrehen und auswerten. die einzige möglichkeit, wenn die (das bka) noch mal kommt, ist, dass ihr sie rauswerft, alles*

*andre bedeutet kollaboration und die einen schritt näher bringen, mich mundtot zu machen. die brd ist ein polizeistaat. euch wird das nicht einleuchten, weil ihr damit nicht konfrontiert seid, bzw. die konfrontationen, die ihr damit habt, verdrängt. ihr würdet allerdings auch nicht in argentinien mit der folter konfrontiert sein, weil eure existenz weit davon entfernt ist zu folter und polizeistaat in fundamentalopposition zu stehen.*
*gegen mich führt die generalbundesanwaltschaft ein ermittlungsverfahren obgleich sie nicht in der lage ist auch nur einen einzigen konkreten vorwurf gegen mich zu artikulieren. den einzigen vorwurf, «vorbereitung von sprengstoffanschlägen» (weil die bei mir einen bastlerset mit n paar batterien gefunden haben) hat das bka durch ein eigenes gutachten zurückziehen müssen. aber das ist die methode: die überfallen eine wohnung, wo sie wissen, dass linke dort wohnen. dann wird großartig die erfolgreiche festnahme von terroristen durch die staatsschutzpresse hochgepuscht. dann sagen die, wir hätten sprengstoffanschläge und geiselnahmen geplant. das langt ja der öffentlichkeit (zumindest einer wie ihr sie darstellt). hauptsache die eine ist erst mal im knast, gegen den andren läuft ein verfahren, auf beweise lässt sich dann schnell verzichten. oder fragt ihr da etwa nach? sabine ist total isoliert, die lassen mich nicht zu ihr, weil gegen mich auch ein ermittlungsverfahren läuft. bis jetzt waren überhaupt nur anwälte und angehörige bei ihr. dann wird sie jedesmal zusammengeschlagen und kommt in den bunker, wenn sie versucht andren gefangenen was zuzurufen, dh versucht die isolation zu durchbrechen. aber was juckt euch das. ihr glaubt wahrscheinlich eh nur, wenn's herold oder buback persönlich von sich gibt.*
*du fragst dann in deiner kleinbürgerlichen angst, ob ich denn «so weiter machen» wolle. abgesehen davon, dass du*

*damit implizierst, dass der dreck den sie über mich zusammenkleistern wahr ist, gehts im moment weniger darum ob ich «weitermache» sondern dass die was mit mir machen. allerdings werde ich meine politische identität nicht für n bisschen bafög oder für n schleimigen hausbesitzer verkaufen.*

*und noch was. ich hab weder depressionen, noch probleme, die ich nicht in den griff kriegen könnte, noch bin ich «unglücklich». ganz im gegenteil.*

*ich will mit dem brief keine korrespondenz starten sondern nur ein paar gedanken zusammenfassen, die ich eh schon mal von mir gegeben hab, die ihr aber, so glaube ich, ignoriert habt.*

(darunter mir Rotstift):

*Ich komme mal vorbei demnächst. Johannes*

Damals habe ich beim Lesen dieses Briefes natürlich anders reagiert als heute. Ich war entsetzt darüber, daß die Polizei Johannes weiter im Visier hatte, erschrocken über das mir aufgesetzt erscheinende Vokabular in dem betont nachlässigen Schreibstil, außerdem tief getroffen durch die offensichtlich beabsichtigten persönlichen Verletzungen. Fremd und ohnmächtig stand ich meinem Sohn gegenüber.

Jetzt, nach einem Vierteljahrhundert, sehe ich stärker das Unglück eines einsamen, an der Welt leidenden, verfolgten Menschen, den in der Tat niemand verstand, wir zu jener Zeit jedenfalls nicht.

Der helle, junge Mann «with a good head on his shoulders», den Mrs. M. drei Jahre vorher beschrieb, hatte die Orientierung verloren und war leider niemandem begegnet, der ihn hätte an den Schultern packen und ihm ein Ziel zeigen können. Als Eltern waren wir in dieser Situation dafür ganz gewiß nicht die geeigneten Menschen.

Ende März war Johannes noch einmal bei uns wegen seiner Wäsche und finanzieller Regelungen (wir bezahlten für März und April nur Kindergeld und Steuerermäßigungsanteil, 150.– DM monatlich). Christian, der in Bielefeld studierte, besuchte ihn in den Semesterferien mehrmals. Zweimal wurden wir noch von der Polizei angesprochen (wegen Landkarten in seiner Wohnung und irgendwelcher Fotos). Am 2. Mai bat er telefonisch um seine Lohnsteuerkarte, er habe für Hilfix gearbeitet.

Und dann, am Mittwoch, dem 4. Mai 1977, gegen Abend, rief er vom Polizeipräsidium aus an, daß er aus einem Fahrzeug heraus festgenommen worden sei. Wir möchten nachfragen.

Ich schreibe, mit ein paar Auslassungen, aus meinem Tagebuch ab:

*Am nächsten Tag konnte Jürgen noch nichts Näheres erfahren. Johannes müsse zuerst dem Haftrichter vorgeführt werden. In der Nacht zum 5. Mai rief uns Oberstaatsanwalt B. an, der Haftbefehl sei ausgesprochen worden. Über Einzelheiten ließ er sich nicht aus. Am 5. Mai kam in den Rundfunknachrichten und abends in der Tagesschau, daß Johannes bei einer Großfahndung im Anschluß an die Singener Festnahme von G.Sonnenberg und Verena Becker zusammen mit Uwe F., dem Bruder des gesuchten Knut F., verhaftet worden sei.*

GROSSFAHNDUNG. Ich rekapituliere, wie es dazu kam. Am 7. April war Generalbundesanwalt Siegfried Buback in Karlsruhe zusammen mit seinem Fahrer und einem Polizisten in seinem Dienstwagen auf offener Straße erschossen worden. Ein RAF-Kommando «Ulrike Meinhof» zeichnete in einem Bekennerschreiben für den Mord verantwortlich. Die Fahndungen liefen auf Hochtouren. Am 3. Mai wurden Günter Sonnenberg und Verena Becker auf der Autobahn bei Singen gestellt. Es kam zu einer Schießerei, bei der ein Polizeibeamter und Günter Sonnenberg schwer verletzt wurden. Bevölkerung, Regierung und Polizei standen unter Hochspannung.

Im Zuge der Ermittlungen wurden alle der sogenannten Sympathisantenszene zugerechneten Personen beobachtet und überprüft, ihre Wohnungen wurden durchsucht.
Wie Johannes am 16.5. an Christian schreibt, wurden er und Uwe F. am 3. Mai in Karlsruhe im Auto von drei zivilen Fahrzeugen des Bundeskriminalamtes und der Polizei gestoppt, aus dem Wagen gezerrt und mit Handschellen auf dem Rücken zum Polizeipräsidium gebracht. Man hätte ihn natürlich auch in seiner regulär angemeldeten Wohnung festnehmen können.

## Im Gefängnis

Am 7. Mai 1977 notierte ich in mein Tagebuch:

*Nachdem Johannes in die Justizvollzugsanstalt Pforzheim verlegt worden war, durften wir ihn am 6.5. eine Stunde lang nachmittags in Gegenwart des BKA-Beamten W. sehen. Johannes war gefaßt, hatte seinen dreitägigen Hungerstreik auf Anraten von Rechtsanwältin B. aufgegeben, las uns Teile aus dem Haftbefehl vor: Zugehörigkeit zu einer kriminellen Vereinigung.*

*Das Gespräch ging unter anderem um praktische Dinge: welche Zeitungen er abonnieren möchte, Adresse der Mutter von Sabine S. wegen der Wohnung, was er aus der Wohnung braucht (Radio, leichte Schuhe). Johannes lebt in Isolierhaft, Alleingang auf dem Hof, kein Fenster, sondern Betonsichtblende. Bis auf Rechtsanwältin B. kein Besuch.*

Am 7.5. schreibt er – in Blockschrift, wohl um einem Graphologen die Arbeit zu erschweren – einen längeren Brief, bittet um ein Buch zum Erlernen des Autogenen Trainings und um die «Briefe aus dem Gefängnis» von Rosa Luxemburg und fährt fort:

*Während des Besuches gestern haben die mir zusätzlich zu den Betonblenden noch nen Drahtverhau ins Fenster reingeschweisst, dh. zusammen bedeutet das ne Lichtverminderung um 40%.*

*Ich bin hier in einem abgesonderten Trakt – über mir das Dach, rechts und links leere Zellen.*

*Nicht nur Besuchsanträge, auch die Post geht über Kuhn (BGH, Ermittlungsrichter II, Postfach 1661, K'he). Auch das*

*Fragment des Computer-Faschismus der Sozialdemokratie: Alles was bei der Erfassung eines Menschen Bedeutung hat – von Fingerabdrücken, Personenbeschreibungen, Gangstudien, grapholog. Gutachten über Ausdrucksweise, Psychogramm, bis zu dem was einer überhaupt emotional und politisch von sich gibt, wird gespeichert, sondiert, ausgewertet, um zu «infiltrieren, paralysieren, liquidieren» wie kürzlich ein Staatsschützer über die Fundamentalopposition in der BRD sagte.*

*Erpressung, Abschreckung, Kontrolle sind die taktischen Schritte der präventiven Konterrevolution. Der «Trick» dabei ist, dass es nur der mitkriegt, der den Status quo nicht akzeptiert, sich nicht mit Haut und Haaren unterwirft, Subjekt bleiben/werden will. dh. die Methode ist die, z.B. euch oder jeden X-beliebigen dahin zu bringen, dass er sich sagt: «Wenn ich mich nicht auflehne, werde ich auch nicht bespitzelt, kriege kein Berufsverbot, komme nicht in den Knast.» Diese Methode des ‹Nichts sehen – nichts hören – nichts sagen› kann da genau auf der Ebene ansetzen, wo eben die Macht über Menschen überhaupt ansetzt: In der Vereinzelung, Desorientierung, Entfremdung, in der abgestuften Unterdrückung. Kurz: Teile und herrsche.*

*Ich sag da noch mal ausführlicher was zu.*

*Im Moment hab ich die Vorstellung, dass ich mich mit euch auseinandersetzen will, dh. ich will versuchen, mich euch zu vermitteln, mit euch zu einem austausch zu kommen; ob das nach der langen Nichtkommunikation geht, hängt von uns ab.*

*Für heute Grüsse. Kaputt machen lass ich mich hier nicht.*

*Johannes*

Ich möchte selbstverständlich nicht den gesamten Briefwechsel zwischen ihm und uns wiedergeben. Allein während seiner ersten Haftzeit umfaßt er rund 140 meist eng beschriebene Seiten. Ich will aber zum einen versuchen, jene

Stellen, die unsere Standpunkte in etwa deutlich machen, herauszulösen. Dabei wurde wahrscheinlich auf beiden Seiten Kluges und Törichtes geäußert, und die Argumente gingen immer wieder aneinander vorbei. Vielleicht aber stellt sich auch heraus, daß er und wir etwas dazugelernt haben. Das wäre für mich schon ein wichtiges Ergebnis dieser Erinnerungsarbeit.

Zum andern sind, so scheint mir, Johannes' Haftbedingungen von besonderem Interesse. Denn draußen wie drinnen richtete sich sein Kampf vorrangig gegen die Behandlung der Gefangenen. Ich werde also möglichst viele Stellen, die sich auf diesen Themenkomplex beziehen, festhalten.

Ich sollte noch hinzufügen, daß während der gesamten Haftzeit unsere Gespräche stets in Beisein von einem oder zwei Polizeibeamten stattfanden und daß alle unsere Briefe das Büro des Ermittlungsrichters passieren mußten. Ebenso wie Johannes haben wir aber versucht, darauf möglichst wenig Rücksicht zu nehmen. Sonst wäre eine sinnvolle Kommunikation ja überhaupt nicht möglich gewesen. Grundeinstellung bei den Besuchen war daher, die Beamten einfach zu übersehen. Trotzdem konnte man sich nicht immer von dem Gedanken an ihr Vorhandensein frei machen.

Johannes am 17.5.77:

> *Deine Hoffnung, dass ich schnell wieder «auf freiem Fuss» bin, teile ich vorläufig nicht so ganz, da ich davon ausgehe, dass die drauf spekulieren, dass sie aus mir, als potentieller «Kontaktperson», über die Vernichtungshaft vielleicht doch was rauspressen.*
>
> *Das ist auf jeden Fall erklärtermassen eine Funktion der Isolation.*
>
> *Hier in Pforzheim bin ich der einzige politische Gefangene und natürlich auch der einzige, der solche Haftbedingungen hat. Das Schlimmste ist zum einen, dass ich hier immer nur indirektes Licht habe und es optisch so gut wie*

*keine Reize gibt – eben nur die tote Hygiene des Betons (insofern hat auch ein Blumenstrauss hier ne ganz andre Bedeutung). Das andre ist, dass der ganze Tag ihrem Rhythmus unterworfen ist (Wecken, wann sie einem den Frass bringen etc.)*
*Die Stärke/Kraft um hier meine Identität zu wahren, beziehe ich zum einen aus dem Bewusstsein, das dieses System aus Gewalt / Verdummung / Desorientierung / Betäubung / Korruption natürlich irgendwann zu Ende sein wird. Eine Gesellschaft, die auf Angstmache und Verdummung basiert, hat ja historisch keine Perspektive, die rettet sich eben nur so von einem Tag in den nächsten. Zum andern weiss ich, dass gerade meine Verhaftung bei vielen Leuten draussen deren Entwicklung beschleunigt/verändert. d h. in dem Fall wird die Abschreckung der Betäubung disfunktional, weil Knast eben immer Widerstand erzeugen wird.*

In meinem langen Brief vom 24.5. schreibe ich, ich wolle nicht verkennen, daß in der hochindustrialisierten Gesellschaft Brutalität, Ehrgeiz, Profit eine überdimensionale Rolle spielten, schon das tägliche Zeitunglesen und besonders Fernsehen einschließlich der Nachrichten könne darüber ja keinen Zweifel lassen, es sei aber eben die Frage, in welcher Form man sich dagegen stelle.

*Gewalt erzeugt immer nur Gewalt. (Das gilt für beide Seiten). Vielleicht kommst Du aber doch irgendwann zu der Überzeugung, daß sich ja damit nichts grundsätzlich in der – immer brutal gewesenen – Welt ändert, daß eine neue gewalttätige Gruppe über eine vorher ihrer Meinung nach gewalttätige Gruppe herrscht. Jeder, der Kraft hat – und das sind hauptsächlich so junge, intelligente Menschen wie Du – sollte andere Menschen überzeugen durch Vernunft und Güte, daß es anders werden muß. Jeder andere Weg ist nur eine perverse Umkehrung der Verhältnisse, glaube ich. Du kannst mir vorwerfen, ich hätte ja selbst nichts getan. Mein Lebenslauf, meine Erfahrungen, meine Kräfte sind andere gewesen als Deine. Ich habe sehr im Kleinen versucht, mein Leben nach meinen (vielleicht etwas einfachen) Vorstellungen zu leben, immer natürlich auch im Hinblick auf meine nähere Umwelt – meine Eltern, Deinen Vater, der viel mehr als ich sich der schönen Seiten dieser Welt – Natur, Kunst, Liebe – erfreuen kann; im Hinblick auf Euch, die ich versucht habe, zu vernünftigen, kritischen, guten Menschen zu erziehen. Ein schmales Fazit. Wenn man jung ist, ist man anspruchsvoller. Ich bin froh, daß Du Dich nicht kaputt machen läßt. Ich wünsche von ganzem Herzen, daß Deine Haltung nicht aus dem Haß erwachsen ist und die Folgen Deiner Haft nicht in Haß münden.*

In seinem nächsten Brief (vom 2.6.) geht Johannes kaum darauf ein. Er bittet seinen Vater, von seinen Erfahrungen in der Kriegsgefangenschaft zu erzählen und berichtet von einer eigenen:

*hier mal ein beispiel, was die abziehen, um die sonderbehandlung zurecht zu rationalisieren, bzw. die verteidigung zu kriminalisieren: bei ihrem ersten besuch hat mir die rechtsanwältin zwei zeitungsausschnitte über meine verhaftung mitgebracht. ich hab dann dem anstaltsbullen vor dem umkleiden die ausschnitte gezeigt und gesagt, dass ich sie von der RA hab und für meine verteidigung brauche. (zu der zeit gabs übrigens den kuhnbeschluss (Beschluß des Ermittlungsrichters am Bundesgerichtshof) zu meinen haftbedingungen noch nicht). der bulle hat mir die ausschnitte dann abgenommen und sie zum BGH geschickt. der wiederum schreibt an die JVA, dass die tatsache, dass die ausschnitte bei meiner körperlichen durchsuchung (!) aufgefunden worden seien, beweis dafür ist, dass die RA versucht, sachen reinzuschleusen – das mit den zeitungen sei ein test – und dass daher die notwendigkeit verschärf-*

*ter kontrollen auf der hand liege. Das ist insofern interessant, als es aufzeigt, mit was für abstrusen kisten die hier arbeiten müssen, um ihre eigenen maßnahmen innerhalb ihres apparates von oben nach unten durchzusetzen.*

In meinem in jenen Wochen noch recht genau geführten Tagebuch lese ich über all das nach, was wir inzwischen im Zusammenhang mit Johannes' Verhaftung zu tun hatten. Zunächst besuchten wir die Rechtsanwältin B. in Heidelberg, um uns ein Bild von ihr zu machen («links, aber außerhalb der Terrorismusszene»). Bei befreundeten Juristen erkundigten wir uns nach andern möglichen Anwälten, schlugen Johannes einen vor. Er wollte sich aber offensichtlich nach außen hin mit den unter schwererem Verdacht Stehenden solidarisieren, also keinen «bürgerlichen», sondern einen Anwalt der «Szene». Uns wollte nicht einleuchten, daß man einerseits sagt, man habe nichts getan, andererseits, man brauche einen politischen Anwalt zur Verteidigung dessen, was man nicht getan hat.

*Juristisch sehr unklug, menschlich vielleicht verständlich. Jedenfalls stellt er sich wohl auf eine längere Haft ein,*

schreibe ich am 27.6.

*Er ist entschlossen, so sehe ich es, sich zum Märtyrer gegen ein ihm unleidlich erscheinendes System zu machen, um damit dieses System zu ‹entlarven›. Für uns sehr schmerzlich.*

Außerdem bemühten wir uns um die Freigabe der polizeilich versiegelten Wohnung in der Baumeisterstraße, setzten uns mit Frau C., der Mutter von Sabine, in Verbindung. Schließlich wurde die Wohnung am 26. Mai von Herrn W. vom BKA im Beisein eines weiteren Beamten entsiegelt. Herr W. benutzte gleich wieder die Gelegenheit «nur um eine Unklarheit aus dem Weg zu räumen», um mich nach einem bestimmten Anorak auszufragen, und ich hatte hinterher Angst, daß ich Johannes belastet haben könnte. Wir räum-

ten mit Hilfe von Clemens und Christian Johannes' Zimmer, die Küche und einen Teil der Allzweckkammer auf und holten einiges heraus. Clemens brachte ein neues Kettenschloß an der Wohnungstür an.
Für alles waren selbstverständlich schriftliche Anträge notwendig, auch für jeden Besuch bei Johannes und für das, was wir mitbringen wollten (meist waren nur Obst und Blumen erlaubt). – Im Lauf der Zeit füllte sich ein Ordner ausschließlich mit der Korrespondenz mit den Behörden. Am 4. Juni war ich mit Frau C., Sabines Mutter, in der Wohnung in der Baumeisterstraße.

*Frau C. macht uns einen sympathischen und sehr beherzten Eindruck. Sie solidarisiert sich allerdings stärker mit ihrer Tochter bzw. mit dem ganzen Umkreis als wir das tun. Z.B. hat sie mit vielen Eltern von Inhaftierten Kontakt, nahm an Sprechchören in Stammheim teil. Sie meinte, ihre Tochter speise aus der Aufsässigkeit ihre Widerstandskraft. Vielleicht sehen wir nach einer gewissen Zeit die Dinge auch anders. Vorläufig vertrauen wir noch – mit kleinen Einschränkungen – auf den Rechtsstaat.*

In der Anfangszeit hatten wir wöchentlich eine halbe bis ganze Stunde Besuchserlaubnis, die auch einmal von Christian wahrgenommen wurde, der zudem den Rechtsanwalt O. in Frankfurt aufsuchte und sich um Bücher kümmerte, die Johannes lesen wollte. Alles kostete viel Zeit.
Johannes' Haftprüfungstermin am 15. Juni ging negativ für ihn aus. Alle Beschuldigungen basierten auf Aufzeichnungen des verhafteten Siegfried Haag, in denen ein gewisser «Tim» vorkam mit den Stichwörtern Friedberg und Depot und Schießen. Da bei Johannes eine Fahrkarte nach Friedberg und ein Motorradhandschuh mit (nicht klar zuzuordnenden) Bleispuren gefunden worden waren, schloß man, daß er der Gruppe von Haag und Mayer, die eine Straftat geplant haben sollte, zugehörig war.

Außerdem hatte man seine Fingerabdrücke in der Wohnung von Adelheid Schulz gefunden. Johannes hatte nie bestritten, Christian Klar und dessen Freundin Adelheid Schulz sowie Knut Folkerts zu kennen, die damals ja noch legal in Karlsruhe lebten. So schreibt denn auch der Ermittlungsrichter des Bundesgerichtshofes in der Begründung der Aufrechterhaltung des Haftbefehls in für uns nicht recht nachvollziehbarer Logik:

*Der Verteidigung ist zuzugeben, daß sich für jedes einzelne Verdachtsmoment eine befriedigende, den Beschuldigten nicht in Verdacht setzende Erklärung finden lassen kann. Die Verteidigung übersieht jedoch die Gesamtheit der Umstände, die den Beschuldigten des dringenden Verdachtes eines Vergehens nach §129a STGB aussetzen.*

Der Grundsatz «Im Zweifel für den Angeklagten» hatte keine Gültigkeit mehr.

Am 30. Juni 1977 schrieb ich in mein Tagebuch:

*Wir haben Johannes gestern wieder in Pforzheim besucht. Zum ersten Mal war eine Veränderung spürbar. Er sah blasser und schmaler aus, sagte, er habe öfter Migräne, war in seinen Anschauungen verhärtet. Man könne seine Identität nur aus dem Haß gewinnen, sagte er. Ich mache mir viele Gedanken und habe ihm eben einen langen Brief geschrieben. Wenn ihn nur einige Gedanken daraus innerlich erreichen könnten!*

Die Diskussion mit ihm setzte sich beim nächsten Besuch und brieflich fort. Manche seiner Argumente fand ich bedenkenswert:

*20.7.77 ...( massenmedien) dahinter steckt das kalkül der gehirnwäsche: laß die fantasie eines fließbandarbeiters in 90% seiner freizeit um das neuste automodell kreisen und er wird schon keine dummen fragen hinsichtlich der stationierung von der neutronenbombe auf brd-gebiet stellen. trotzdem würde ich sagen, daß ein zukünftiger atomkrieg (und alle zeichen sprechen dafür) nicht unbedingt eine spitzfindigkeit ist, zu der man sich nur mit der geistigen haltung eines miesepetrigen querulanten die informationen zusammenpicken kann. Hier wird natürlich die groteske situation der brd als us-kolonie deutlich: ein verteidigungsminister brüstet sich mit einer militärischen strategie, die im kriegsfalle eine hauptsächliche zerstörung desjenigen territoriums zur folge haben würde, das er zu verteidigen vorgibt. schmidt «warnt» (!) vor der falschen vorstellung, «die neutronenwaffe sei in ihrer wirkung noch schrecklicher als alle bisherigen atomwaffen». dieser satz ist es wert, ihn sich auf der zunge zergehen zu lassen. überhaupt geht es wohl hauptsächlich um die moral der sprengköpfe, nicht der menschen. die waffe sei «human», «sauber». prost. auch hier zeigt sich die aktuelle dringlichkeit der revolution: ein atomkrieg läßt sich nur durch selbstbestimmung des volkes verhindern, nur wenn wir den draht vom roten knopf im pentagon zur abschußrampe irgendwo im schwarzwald kappen, haben wir die garantie, das desaster zu verhindern. sich selbst werden sie wohl nicht in die luft sprengen, dh die revolutionären avantgarden lassen sich aus verschiedenen gründen nicht mit atomwaffen bombardieren (die bourgeoisie könnte dabei mitangesengt werden!)*

Am 24. Juli trat Johannes (während unseres Sommerurlaubs) in Hungerstreik. Ziel: Verlegung nach Stammheim und Zusammenlegung mit andern politischen Gefangenen. Etwa zur gleichen Zeit, erfuhren wir, war auch Uwe F. in Hungerstreik getreten. Ebenso Sabine S., sie wollte zu den RAF-Häftlingen im berüchtigten 7. Stock in Stammheim verlegt werden, die im Hungerstreik für «Umschluß» kämpften, d.h. für zu festgesetzten Stunden offene Zellentüren auf ihrem ansonsten hermetisch abgedichteten Stockwerk.

Wir durften Johannes am 3.8. besuchen. Sein Zustand war,

an den Umständen gemessen, noch gut. Er hatte offensichtlich in seiner Isolierung das Bedürfnis, viel zu reden. Während unserer Abwesenheit hatten ihn Clemens und Christian abwechselnd (jeder einmal wöchentlich) besucht.
Jürgen und ich schrieben einen recht deutlichen Brief an den Ermittlungsrichter. Darin heißt es unter anderem:

*Nach Pressemitteilung des Generalbundesanwalts sind Johannes Thimme und Uwe F. die einzigen Häftlinge dieses Verdachtskreises, die sich noch «in strenger Einzelhaft» befinden, «da der Ermittlungsstand des Verfahrens Auflockerungen noch nicht zuläßt». Das heißt doch nichts anderes als: weil kein wirklich belastendes Material gegen unsern Sohn vorliegt, wird er in die härteste Haft genommen. Wozu wohl? muß man sich fragen und findet keine einen rechtsstaatlich denkenden Bürger befriedigende Antwort.*

*Nach der fast dreimonatigen Isolierhaft, die, wie wissenschaftlich erkannt ist, zu schweren Schäden führen kann, hat unser Sohn keinen andern Ausweg gesehen, als in Hungerstreik zu treten, um bessere Haftbedingungen zu erreichen...*

*Die Fürsorgepflicht des Staates gebietet es, einen jungen Menschen, der möglicherweise ohne jede Schuld ist, nicht bis in einen lebensbedrohlichen Zustand geraten zu lassen, sondern Verhältnisse zu schaffen, die fortdauernde Schäden oder Vernichtung ausschließen.*

*Als wir unsern Sohn am 11. Tag seines Hungerstreiks besuchten, hatte noch kein Arzt den Versuch unternommen, mit ihm in Kontakt zu kommen. Spurenelemente und Vitamine waren Johannes nicht angeboten worden ...*

Wir erwägen dann noch, die Öffentlichkeit zu informieren und bitten, Haftverschonung oder Haftentlassung anzuordnen.
Der Richter anwortete am 19. August recht schroff, bestritt

unter anderm die Isolation (was verstand er denn wohl unter der angeordneten «strengen Einzelhaft»?). Bei unserm Besuch am 22.8. wurden wir dann übrigens zum ersten Mal polizeilich durchsucht. Aber immerhin hatte Johannes bereits Hafterleichterungen erhalten, war zum großen Teil im normalen Strafvollzug (Hofgang, Freistunde, Gottesdienst mit andern Häftlingen). Johannes sagte, daß er überlegen müsse, ob er den Hungerstreik aufgebe, teils weil er über die Situation von Uwe F. nichts wußte, der sich unter der gleichen Beschuldigung in U-Haft befand, teils wegen der Solidarität mit den im Hunger- und Durststreik in Stammheim und andern Orten befindlichen Häftlinge. Er sagte selbst, es ginge bei ihm nun an die Substanz. Er war blaß, mager, im ganzen aber noch konzentriert. Er war wütend, daß wir nichts Genaueres darüber wußten, ob Uwe F. abgebrochen und was er erreicht habe. Aber wie sollten wir? Die Angehörigen von F. und die Mutter von Sabine S. waren ebenso wenig auf dem letzten Stand der Dinge wie die Vertreter der im Urlaub befindlichen Anwälte. Die Gerüchteküche kochte.

Am 23.8. wurde Jürgen von der Justizvollzugsanstalt Pforzheim angerufen, daß Johannes den Hungerstreik am Abend vorher (nach 30 Tagen) abgebrochen habe. Wir atmeten erst einmal auf.

Aus meinen Aufzeichnungen:

> *Am 29.8. sahen Jürgen und ich Johannes. Er war sichtbar entspannt durch den normalen Strafvollzug ... und die Möglichkeit wieder zu essen. Manches war beinahe lustig, was er erzählte (Hierarchien unter den Häftlingen des Pforzheimer Bereichs). Ich hatte zum ersten Mal nach langer Zeit wieder Hoffnung, daß Johannes einen Bezug zur Realität bekommt. Er äußerte auch selber, wie er das nach der langen Isolation empfinde.*

Zum Besuchstermin am 5.9. mußte Jürgen allein fahren, da ich mit Mandelabzeß und hohem Fieber zu Bett lag.

Am 7. September 1977, zwei Tage nach der Entführung des Arbeitgeberpräsidenten Hanns-Martin Schleyer, der Erschießung seines Fahrers und dreier Sicherheitsbeamter, wurde von der Bundesanwaltschaft eine Kontaktsperre über 72 politische Gefangene verhängt. Der Besuch ihrer Anwälte wurde beschränkt bzw. verboten, der Kontakt untereinander und nach draußen untersagt. Von Johannes kamen zunächst zwei Briefe durch, weitere sehr verspätet. Nach Clemens' Informationen war bei den andern Gefangenen der Briefverkehr ganz abgeschnitten.

Wieder stehen die brutalen Taten der RAF draußen und das subjektive Erleben des jungen Untersuchunghäftlings drinnen sich gegenüber. Am 10.9.77 schreibt Johannes an Jürgen:

*lieber vater,*
*bis der brief dich erreicht (wenn überhaupt), wirst du's wohl schon wissen: die haben hier auf baw-anweisung alles dicht gemacht. konkret heisst das: keine besuche, kein radio, keine zeitungen, keine gemeinschaftsveranstaltungen, einzelhofgang, -bad, weniger hofgang.*

*am sonntag, so gegen 21 uhr (von der schleyer-action hatte ich gerade im radio gehört) stürmte R. mit seinem – inzwischen schon «bewährten» – trupp meine zelle, mit dem hinweis, «auf anweisung der bundesanwaltschaft» habe er mich in «eine geschlossene zelle» zu «verbringen». darunter konnte ich mir zunächst nichts rechtes vorstellen, schliesslich ist meine zelle ja auch ziemlich «geschlossen». aber der repressionsapparat wäre keiner, würde er nicht über steigerungsmöglichkeiten verfügen. seine 8 bullen «geleiteten» mich dann in den bunker. das heisst: erstmal alles abgeben, umkleiden, durchsuchung, entzug der uhr (keine orientierungsmöglichkeit). der bunker selbst liegt im keller, praktisch schalldicht isoliert (nicht öffenbare, versiegelte dreifach-fenster). betonfussboden, die wände weiss getüncht (in diesem fall offenbar am tag zuvor, nach 2 std. hatte ich jedenfalls aufgrund der farbdünste kopfschmerzen). einziges (!) «möbel» eine dreckige, verwichste, unbezogene matratze auf dem fussboden, was mir für den nächsten morgen im ganzen gesicht nen ausschlag einbrachte. kein waschbecken. anstatt wc ein loch im fussboden. einziges wahrnehmbares geräusch: das blasen des ventilators.*

*ich hab den wachteln dann mitgeteilt, dass ich unter diesen bedingungen keinerlei nahrung zu mir nehmen werde, worauf ich dienstag mittag wieder in meine zelle gebracht wurde. (unter oben beschriebenen bedingungen seitdem). der bunker scheint die ultima ratio der sensorischen deprivation zu sein.*

Johannes kommt im gleichen Brief dann ausführlich auf sein letztes Gespräch mit Jürgen zurück, in dem es um eine statistische Befragung der Bundesdeutschen und die nach Jürgens Meinung von Johannes inflationär gebrauchten Begriffe «Faschisierung» und «Gehirnwäsche» gegangen war. Die dritte Seite des eng beschriebenen fünfseitigen Briefes gebe ich wieder, weil sie mir für seine Sicht der Dinge in diesem Stadium seines Lebens recht charakteristisch erscheint.

*das wichtigste scheint mir zu sein, dass man sich klar macht, dass diese «demokratie» installiert worden ist, dh sie wurde nicht vom volk erkämpft, sondern das deutsche volk wurde vom faschismus einfach abgenabelt, ein grossteil des faschistischen apparates wurde ungebrochen übernommen (wer hätte die jobs in verwaltung, justiz, etc auch übernehmen sollen?), viele faschistische massenmörder treiben sich heute wieder rum (während die abgesessene durchschnittszeit der normalen lebenslänglichen bei ca 22 jahren liegt, lag sie bei den nazis um 10 jahre, wohlgemerkt, das sind nur die, die zu einer lebenslangen freiheitsstrafe verurteilt wurden).*

*deswegen wird es hier auch keine demokratische öffentlichkeit geben, die gegen die übergriffe der staatlichen repression protestiert, wenn sich die auseinandersetzung: antiimperialistisches lager auf der einen, «viertes reich» auf der andern seite zuspitzt. das zeigt sich doch jetzt schon anhand der geschlossenen unterwerfung der gesamten presse unter die regie der rebmann-kampagnen. wenn (zumindest ein teil von ihnen) die deutschen während des faschismus kein bewusstsein von demokratischen traditionen hatten, wie sollen sie es nach 30 jahren antikommunistischer hetze erlangt haben? aber zurück zu unserm gespräch: wenn für dich die aussage (der immerhin 41%) der befragten, hitler habe vieles falsch gemacht, «aber man darf das gute nicht vergessen» insofern wertfreien charakter hat, als dass du sie mit dem gemeinplatz in schutz nimmst, dass «jeder mensch» gute und weniger gute eigenschaften hat, so muss ich das zur kenntnis nehmen. nur – auf die pose des antifaschisten wirst du dann wohl verzichten müssen. oder wir haben verschiedene definitionen von antifaschismus. für mich beinhaltet er auf jeden fall immer etwas kämpferisches, zum einen ein unerbittliches vorgehen gegen die (und da gibt's immer noch genug), die für das III.Reich gemordet und gefoltert (ob vom schreibtisch aus oder als handlanger im kz) haben, bzw. gegen alles, was den völkermord und die ideologie der nazis zu verniedlichen versucht (oder zu ver»menschlichen»); zum andern heisst antifaschismus natürlich generell ein unentwegtes, aktives vorgehen gegen jede form staatlicher repression. mit einer periodisch wiederkehrenden, möglichst pathetischen distanzierung von der person hitlers ist es auf jeden fall nicht getan (das bringt auch strauss).*

*diese ca 40%, die hitler verehren und schmidt wählen, die ihre kinder prügeln und auf horoskope, tranquilizer und kommunistenjagd schwören und die sich beim geschwätz über das neueste automodell einen runterholen, der deutsche chauvinistische spiesser also, der sagt natürlich auch: terroristen kopfab …*

*(zur «Gehirnwäsche») … mit dem letzten teil deiner definition: den unterschied zwischen schwarz und weiss nicht mehr zu wissen, stimme ich übrigens überein. dazu bedarf es aber keiner physiologischen manipulationen. Die frage ist hier: was ist schwarz, was weiss? ich behaupte, wenn 53 % (1973: 36 %) der auffassung sind, dass zur erziehung auch «schläge und ohrfeigen» gehören, gleichzeitig ihr auto aber zum buddha machen, dass diese 53 % auf dem besten weg sind, nicht mehr zwischen schwarz und weiss unterscheiden zu können.*

*ich meine, dass gehirnwäsche nicht sosehr durch physiologische manipulationen erreicht wird, als vielmehr durch psychologische. dass der mensch, allgemein gesprochen, dazu gebracht wird, sich wider seine natürliche bestimmung, (entfaltung seiner talente) und wider die natur zu verhalten.*

*wenn zb nachgewiesen werden kann, dass die prozent stimmen, die ein kandidat bei gouverneurswahlen in den usa erhält, direkt proportional zu seinem wahlkampfbudget sind, dann ist doch da gehirnwäsche im spiel. dh ob er gewählt wird, hängt davon ab, wieviele tv-spots er bezahlen kann.*

*wenn einer sein auto abstösst, weil er zig-tausendmal das neueste modell im fernsehen und in anzeigen gesehen hat, ohne dass es dafür nen funktionalen grund gibt – ist das gehirnwäsche.*

*das gleiche, wenn jemand schliesslich sagt: terroristen kopfab.*

Am 18. September, also nach 11 Tagen in völliger Isolation, war bei Johannes de facto die innere «Kontaktsperre» erreicht. Er schreibt uns den wohl aggressivsten Brief unserer gesamten Korrespondenz.

*Liebe Eltern, angesichts der Repression, die gegen die politischen Gefangenen läuft, einer Repression, die sich in den letzten Wochen und Monaten verschärft hat und weiterhin verschärfen wird, bin ich gezwungen, meine ganze Energie darauf zu konzentrieren, den Vereinnahmungs- und Vernichtungsversuchen des Apparates Widerstand entgegen zu bringen.*

*Eure Position war permanent die, diesen Widerstand auszuhöhlen, mich zur Kollaboration mit dem System zu bewegen. Das fing damit an, dass ihr wolltet – indem ihr euer Geld als Druckmittel ins Spiel brachtet – dass ich nen «seriösen» Anwalt nehme, dass ich mich von den Gefangenen der RAF distanziere; ihr habt mir empfohlen, beim Richter zur Sprache zu bringen, dass ich zur «Tatzeit» (!) erst 20 gewesen sei. Ihr habt versucht, bei mir Verständnis für die Überwachungsbullen, für die Sicherheitsmassnahmen zu wecken. Schliesslich eure Position zum HS (Hungerstreik).*

*Ich habe geglaubt, dass sich unsere Beziehung in den Besuchen, dh. durch die dort stattfindenden Auseinandersetzungen, verändern würde, trotz unserer grundverschiedenen Perspektiven.*

*Inzwischen sehe ich das anders. Den Anspruch, den ich an Euch stelle, wie an jeden, der hier herkommt, ist Solidarität mit mir als politischem Gefangenen.*

*Wie ich inzwischen erfahren habe, habt ihr bei Sabines Mutter angerufen, nachdem ihr von Sabines HS/DS-Aktionen (Hunger- und Durststreik) gehört hattet und sie gebeten, mich zu besuchen und zur Aufgabe des HS zu bewegen, was sie zurückgewiesen hat. Erstmal wundert es mich, dass ihr mir davon nichts erzählt habt. Dann ist es natürlich auch mies, diese Frau für euch zu funktionalisieren;*

*ich weiss auch gar nicht, auf was ihr da spekuliert habt. Schreibt dazu mal.*

*Die Intention der Bullen ist, Widerstand zu brechen, auszuhöhlen. Wenn Ihr euch daran beteiligt, seid ihr auf Seite der Bullen, selbst wenn ihr überzeugt seid, zu meinem oder Eurem «Besten» zu handeln.*

*Obwohl die Frage im Moment nicht aktuell ist, da ich in Totalisolation bin: selbst wenn sie aufgehoben werden sollte, will ich vorläufig nicht mehr, dass ihr mich besucht.*

*Ich bin wieder im HS – bis zur Aufhebung der Isolation und Integration in den Normalvollzug.*

*Johannes.*

Die Post wurde natürlich stets genau kontrolliert und hatte im Durchschnitt eine Woche, während der Kontaktsperre aber oft eine wesentlich längere Laufzeit, so hatte Johannes Jürgens Antwortbrief vom 24.9. noch nicht bekommen, als es ihm gelang, von sich aus die seelische Kontaktsperre zu durchbrechen. Er schreibt am 2.10. und später am 15.10. und dann noch einmal am 20.10 und versucht sein aggressives Verhalten zu erklären und entschuldigt sich dafür. Diese drei Briefe vom Oktober bekamen wir allerdings erst am 28.10. nach Aufhebung der Kontaktsperre, so daß die Sorge um Johannes' psychisches und physisches Befinden, um unser künftiges Verhältnis zu ihm wie auch ein Gefühl der Ohnmacht uns über einen Monat lang begleiteten. Am 24. September hatte Jürgen auf den verletzenden Brief hin deutlich seinen Standpunkt klar gemacht.

*Lieber Johannes,*

*Du hast schon einmal im Oktober vorigen Jahres in einem sehr aggressiven Brief versucht, einen Bruch mit uns zu provozieren und versuchst es nun zum zweiten Mal ... auch diesmal soll es Dir nicht gelingen. Ich möchte Dich aber bitten, keine weiteren Briefe dieser Art mehr an uns zu richten. Ich bin altmodisch genug, daß ich einen andern Ton*

*von Dir als Sohn erwarte, als wenn Du an irgend jemand Deines Alters schreibst.*
*Es schmerzt mich, daß ich Dir offenbar in Erinnerung rufen muß, daß wir vier Monate lang alles in unserer Macht stehende getan haben, um Dir unsere unverminderte Zuneigung trotz großer Gegensätze in Anschauungen und Auffassungen zu zeigen, und versucht haben, Dir all jene Erleichterungen zu vermitteln, die möglich waren. Es hat dies viel Zeit und seelische Kraft gekostet. Du zählst «permanente» Verfehlungen auf und nennst uns «mies». Was immer wir versucht haben, geschah aber aus unserer Liebe zu Dir heraus und aus unserem Bestreben, Deine Isolierung zu mindern und Deine Haft so schnell als möglich zu beenden. Wie recht wir mit diesen bisher erfolglosen Versuchen hatten, zeigt Deine zunehmende innerliche Verhärtung und Deine sich steigernde Verkennung der Wirklichkeit…*
*Doch ich sehe, daß es nicht gut ist, wichtige Dinge unausgesprochen zu lassen. So möchte ich so klar und deutlich wie möglich sagen, daß Du zwar immer unser Sohn bleibst, mit dem wir durch viele gemeinsame und unvergessliche Erlebnisse und im ganzen glückliche Jahre verbunden sind, daß aber die Solidarität, die Du forderst, nicht besteht und nie bestehen wird. Dies sind unsere Gründe: Deine politischen Ziele sind nicht die unseren; wir verurteilen die Methoden, die Dir zur Durchsetzung politischer Ziele denkbar erscheinen, und wir halten jene von der RAF, von denen Du Dich nicht distanzieren willst, für Verbrecher…*
*Wir verurteilen die Isolationshaft und manche andere Maßnahmen – das sind alle, die aus Sicherheitsgründen nicht notwendig sind, aber zur Radikalisierung oder gar zur Zerstörung der Inhaftierten führen. Aber ich finde, daß alle die, die unseren Staat mit Mord und Terror bekämpfen, und alle die, die diese Verbrechen nicht deutlich verur-*

*teilen, ihr Recht verwirkt haben, gegen die Haftbedingungen in der BRD zu protestieren. Wie waren und sind denn die Haftbedingungen von Lorenz und Schleyer und welchen seelischen Foltern oder Qualen waren und sind ihre Familien ausgesetzt? Und was ist mit den Familien der kaltblütig ermordeten Polizisten? Hier kommen die Proteste aus der falschen Ecke.*

*Wir können den Irrsinn, der in den Köpfen von verblendeten, zum Verbrechen entschlossenen Jugendlichen wie eine Krankheit ausgebrochen ist, nicht als Politik bezeichnen. Das Einzige, was diese Gruppen bewirken, ist eine Verschärfung der Gesetze, eine Brutalisierung der öffentlichen Meinung, eine Verstärkung faschistoider Tendenzen, die leider in sehr vielen Völkern latent vorhanden sind.*

*Vorläufig sind wir – ich sage ausdrücklich, zum Glück – noch sehr weit davon entfernt, daß bei uns Verbrecher so behandelt werden, wie diese, ohne mit der Wimper zu zucken, ihre Opfer behandeln. Aber bei weiteren Verbrechen wird jedenfalls der Teil der Gesellschaft sehr schnell anwachsen, der eine größere Entschlossenheit in der Verbrechensbekämpfung verlangen wird...*

*Wir zweifeln nicht, dass der Ausgangspunkt für viele Jugendliche zum Widerstand gegen unsere politischen und gesellschaftlichen Verhältnisse legitim ist. Aber das Verbrechen ist kein Weg, ich muß es immer wieder sagen, sie zu verändern...*

*... am meisten hat mir das Verhältnis zu Eurer Mutter bedeutet. Durch sie ist mein Leben reich, schön und glücklich geworden. Es trifft mich jetzt hart, dass sie in Gedanken an Dich und aus Sorge um Dich viel von ihrem Lebensmut und ihrer Lebensfreude verloren hat ...*

Wie gesagt, noch ohne Kenntnis dieses Briefes, schreibt Johannes am 2.10.:

*... Ich meine inzwischen, dass ich euch in dem Brief zu un-*

*differenziert beschuldigt habe, auf Seiten des Staatsschutzes zu sein…*
*…dass ich nun schon 5 Monate eingeknastet bin, u.a. Ergebnis des Faschisierungsprozesses in der BRD ist. Mit Beweisen, Strafprozessordnung, Recht auf Verteidigung, U-Gefangenen-Status, Rechtsstaatlichem Verfahren etc. etc. lässt sich in diesem Zusammenhang nicht mehr begrifflich operieren…*
*Da meine Perspektive nicht die ist, hier zum Essensausteiler zu avancieren, dh ich habe nicht vor, diese Einrichtung auf den Brustwarzen sondern aufrecht zu verlassen, muss ich mich gegen die Repression (die politisch ist in dem Sinne, dass sie sich in erster Linie gegen die Gefangenen aus antiimperialistischen Bewegungen richtet) auch politisch zur Wehr setzen. Eine Form dieses Widerstandes war der HS!*
*…Analog auch die momentane Vergeltungsaktion gegen die Gefangenen, für die es weder ne rechtliche noch «kriminalistische» Grundlage gibt (mir ist auf jeden Fall unklar, wie ich das Leben Schleyers gefährden könnte, wenn ich Radio höre oder Zeitung lese, auch wie ich dadurch «flankierende Terroranschläge» begehen könnte, kapier ich nicht ganz!)*
*…Zu dem Brief (18.9.) nochmal: Abgesehen vom Inhalt, den ich noch klären will, ist zur Form zu sagen, dass ich hoffe, dass Ihr begreift, dass die Situation hier nicht gerade prädestiniert ist, um zu jeder Stunde locker und entspannt ne Kritik vorzubringen.*

Am 15. Oktober ist Johannes trotz der totalen Isolation zu folgenden Überlegungen fähig:

*Liebe Eltern,*
*Im Moment besteht zwar insofern die kafkaeske Situation, dass ich nicht weiss, ob und wann Euch dieser Brief erreicht, trotzdem schreibe ich ihn.*
*Nachdem ich gerade Eure Briefe an mich und meine an*

*Euch nochmal durchgelesen habe, bin ich zu dem Schluß gekommen, dass ich Euch doch oft überzogen attackiert und unpräzise kritisiert habe.*
*Ich werde dies in Zukunft anders machen. Klar ist, dass dies nicht heissen kann, auf Auseinandersetzungen zu verzichten, im Gegenteil. Aber Kritik muss eben genau sein, bewusst in dem Sinn, dass man die Realität, Geschichte des andern mit einbezieht und mit der Bestimmung, sie dem andern auch so zu vermitteln, dass er was damit anfangen kann.*
*Polemik ist, meistens jedenfalls, Ausdruck von Unklarheit. Das Ziel, Inhalte zu vermitteln, geht dabei kaputt. Es gibt einen rationalen Hass, der notwendig ist, den man sogar entwickeln muss, will man sich von seiner kapitalistischen Sozialisation, von denunziatorischem Individualismus, schließlich von den Zwängen des Systems befreien.*
*Ihr als meine Eltern könnt davon allerdings nicht betroffen sein, dazu ist mir die Beziehung zu euch, die sich nach zwanzig Jahren nicht in Luft auflösen lässt, auch wichtig genug.*
*Wie gesagt, das heisst nicht Verzicht auf Auseinandersetzung, sondern sogar das Bemühen um die Widersprüche des andern ...*
*Was den Besuch angeht, so hoffe ich, dass ich Euch mal wiedersehe hier, sobald die Totalisolation aufgehoben ist und Ihr Zeit habt. Er darf nur nicht zur Routine werden, davor hab ich nen Horror, aber das hängt von uns ab. Es lebe der antifaschistische Kampf,*
*Johannes.*

Wenn ich mir heute Johannes' und meine Daten vom September und Oktober 1977 anschaue, stelle ich eine merkwürdige Übereinstimmung unserer Erfahrungen und Gedanken über die verordnete Kontaktsperre hinweg fest. Als er in den Bunker gebracht wurde, bekam ich keine Luft mehr; während er sich entschuldigte, kam ich ihm versöhnlich entgegen. Mein Brief vom 5.10. mag das belegen:

*Lieber Johannes,*

*ich versuch's einfach mal, den Kontakt zu Dir wieder herzustellen. Heute ist es einen Monat her – vier Wochen und zwei Tage – daß Du mit niemand, der Dir helfen kann, gesprochen hast. Für mich genau so lange, daß ich mich mies fühlte. Am 5.9. wurde ich abends um 10 h ins Krankenhaus gebracht (mit Krankenwagen, solche Dramatik liebe ich ja nun gar nicht), damit sie mir den Mandelabzeß «spalteten» (so nennt man das). Ich konnte weder reden noch schlucken. Drei Tage später nahmen sie mir noch die Mandeln raus, was ich, verglichen mit dem Abzeß, nicht schlimm fand. Aber in meinem nicht so ungemein erfreulichen Alter war es alles nicht gerade ganz ohne Nachwirkungen. Man muß ja auch diese Mega-Mengen von Penicillin irgendwie verarbeiten, nehme ich an. (Ohne das hatten die Leute früher aber bei so einem Abzeß oft einen schlichten Exitus). Zudem bin ich natürlich auch psychisch sowieso etwas angeschlagen und mickere mehrmals täglich schwitzend oder zitternd oder mit Schluckbeschwerden herum. Jetzt gehe ich aber wieder zur Schule, und die Kinder sind recht nett, lassen einem einfach nicht viel Zeit, sich mit der eigenen Gesundheit zu beschäftigen. Auf dem Gebiet war ich ja wohl überhaupt nie sehr selbstmitleidig (Ihr drei übrigens auch nicht, glücklicherweise!). Ich schreibe Dir das bloß, weil ich es Dir in einem Gespräch, wenn wir uns vier Wochen nicht gesehen hätten, auch erzählen würde. Ich würde sicher auch nicht auf von Dir im Affekt und in einer schwierigen Lage geäußerte Anschuldigungen zurückkommen, und darum tue ich das auch hier nicht. Ich kann mir wirklich vorstellen, daß in Deiner Lage manche Mißverständnisse oder Bemerkungen im Nachgrübeln überdimensionale Formen annehmen. – Eigentlich kann sich wohl überhaupt niemand, der es nicht erlebt hat, vorstellen, was solche Isolierung bedeutet. Aber da meine Phantasie ja sowieso mein Haupt-Depressionsfaktor ist und ich Dich – bis zu einem gewissen Grade und Alter – kenne, weiß ich, daß es schlimm und gefährlich ist, was sie mit Dir machen. Auf den politischen Sinn oder Unsinn dieser Maßnahmen möchte ich in diesem Brief nicht eingehen; denn der Brief soll bei Dir ankommen, um Dir zu zeigen, daß ich mit großer Liebe an Dich denke.*

*Deine Mutter*

*Wenn Du mir antworten kannst, schreibe ich Dir bald wieder.*

Neben den Balanceakten in unserer Beziehung zu Johannes gab es auch im Alltag immer wieder irritierende Ereignisse. Z.B. schreibe ich in mein Tagebuch:

*Letzte Woche (27.9.) meldete sich bei mir BKA W., es gäbe neue Asservate. Ich bat, sie zu bringen. Er sagte, das sei nicht möglich. Als ich zur verabredeten Zeit im Polizeipräsidium Karlsruhe erschien, versuchte mir W. (im Beisein einer Kripobeamtin und eines Beamten) den Schlüssel, die Papiere und das Moped von Uwe F. zu übergeben. Ich lehnte das ganz energisch ab, mit dem Hinweis, mit Anwalt wiederzukommen. Das Moped habe in Johannes' Hof gestanden und Johannes sei darauf gefahren. Ich sagte, das könne sehr gut sein, viele junge Leute führen gegenseitig auf ihren Fahrzeugen. Es wurden dann Druckmittel eingesetzt (bis 14 Uhr 15 müsse es entschieden sein, ich müsse sonst Standgeld dafür bezahlen!!) Ich sagte, ich könne weder bis 14.15 meinen Anwalt erreichen, noch dächte ich daran für das Moped von Herrn F. Standgeld zu bezahlen. Seitdem habe ich von B. nichts gehört; d.h. er hat natürlich noch mal bei Jürgen das Gleiche ohne Erfolg versucht.*

*Ich habe den Eindruck, daß Familie F. nicht ganz aufrichtig ist. Fr. F. hat an dem Tag, ehe Johannes den Hungerstreik abbrach und wir für ihn unbedingt genau wissen wollten, was Uwe F. beschlossen hatte (21.8.), mittags telefonisch gesagt, U. F. sei noch im Hunger- und Durststreik. Am Tag vorher, erfuhren wir durch Mike (Verbindung zu U. F.'s Anwalt), hatte U. F. abgebrochen. Später hat Frau F. zu Clemens gesagt, sie habe nicht offen sprechen können, sie habe Besuch gehabt (hatte es aber nicht nötig, uns später anzurufen). Ebenso undurchsichtig ist die Sache mit dem Moped. Die Polizei hat ja bestimmt zunächst bei U. F.'s Verwandten versucht, es loszuwerden. Mir gefällt das nicht. Ähnliche «Mißverständnisse» scheint es ja laut Johannes' Brief vom 18.9. mit Sabines Mutter zu geben. Ich finde, wenn die Verwandten der Häftlinge nicht offen zueinander sind, ist es sinnlos, untereinander Kontakt zu haben. Und ich möchte auch vorläufig keinen mit ihnen haben.*

Bei diesem Entschluß ist es übrigens, außer mit Frau C., die eine liebe Freundin für uns wurde, in den folgenden Jahren geblieben. Wir haben uns nie an den Angehörigen-Initiativen beteiligt, aber weniger aus dem oben angeführten Grund. Wir waren der Meinung, daß die Häftlinge im Lebensalter, in bezug auf die Schwere der Tat oder des Tatverdachts, vielleicht auch in ihrer Motivation, Intelligenz und vor allem ihrer Radikalität, in ihren Äußerungen und ihrem Verhalten zu unterschiedlich waren, um für alle insgesamt gemeinsam eintreten zu können. Hinzu kamen die unterschiedlichen Bedingungen in den Haftanstalten und die verschiedenen Grade, in denen sich die Angehörigen mit den Häftlingen und ihren Zielen identifizierten. Es schien uns nicht möglich, mit einer so heterogenen Gruppe eine gemeinsame Sprache und Form für Aktionen zu finden, mit denen Protest zum Ausdruck gebracht werden konnte. Wir wollten uns mit Johannes, aber nicht mit siebzig weiteren Gefangenen auseinandersetzen. Um für sie einzutreten, hätten wir ihre Schicksale kennen müssen, und das war ausgeschlossen. Wir schreckten vor Pauschalisierungen zurück, gleichgültig, von welcher Seite sie kamen, ob vom Staat mit seinen «Banden»-Theorien oder von Verwandten, die sich zum Teil wohl schon seit 1969 zusammengeschlossen hatten. Wir wollten in erster Linie unsern Sohn von seinem in unsern Augen falschen Weg abbringen.

Auf der andern Seite habe ich stets großen Respekt vor dem Einsatz der Verwandten für die Häftlinge gehabt. Fast alle Familien waren ja wie wir völlig überrascht gewesen, als zum ersten Mal die Polizei bei ihnen vor der Tür stand oder sie den Namen ihres Sohnes oder ihrer Tochter im Zusammenhang mit entsprechenden Tatverdächtigungen in der Zeitung lasen. Für die meisten veränderte sich das Leben von einem Tag zum andern. Unverständnis und Mitleid, begrabene Hoffnungen und der leidenschaftliche Wunsch zu helfen, die Wut auf den Staat und auf das eigene Kind, Gerechtigkeitssinn und Selbstvorwürfe schüttelten die Betroffenen. Einige Eltern wären völlig hilflos gewesen ohne Aufklärung und Unterstützung durch andere betroffene Familien. Für sie hatte der Verwandtenzusammenschluß eine wichtige Funktion.

Außer vielen der Geschwister waren es, so weit ich es beurteilen kann, dann besonders die Mütter, die fraglos zu ihren Söhnen oder Töchtern standen. Eine bewundernswürdige Leistung, die von den Häftlingen, bei denen vorher die Entfremdung menschlicher Beziehungen und «Der Tod der Familie» (ein Buchtitel jener Zeit) Thema gewesen waren, nun meist ganz selbstverständlich angenommen wurde.

Ich denke hier an anders strukturierte Familien als unsere, in denen vorher kaum noch Kontakt zwischen Eltern und Kindern bestand, Gleichgültigkeit oder gar Haß geherrscht hatten. Hier war der Einsatz der Mütter oft einfach erstaunlich, soweit ich das beurteilen kann.

Jürgen und ich hatten es da leichter, weil wir untereinander in unsern Grundtendenzen übereinstimmten und uns gegenseitig stützten und weil wir stets versucht hatten, uns mit Johannes verbal auseinanderzusetzen und das nun einfach weiter taten. Es war eine Selbstverständlichkeit. So kam es denn auch am 20.10. wieder zu einem Brief von ihm, über den wir uns sehr freuten.

*Liebe Eltern,*

*Die Kontaktsperre scheint aufgehoben zu sein, immerhin bekam ich heute Post und einen Teil Zeitungen. Auf Eure Briefe vom 24.9., 30.9. (von Dir, Vater) und 5.10. (von Dir, Mutter) will ich gleich anworten.*

*Ich glaube, ich hab's schon geschrieben, dass mir mein borniertes, aggressives Verhalten gegenüber euch in der letzten Zeit ein ziemliches Rätsel ist. Hängt wohl damit zusammen, dass ich z.Teil Unklarheiten von mir auf Euch projeziert habe, aus der Unfähigkeit heraus, meine Beziehung zu Euch klar zu kriegen und positiv zu bestimmen. Nach dem Lesen Eurer Briefe kommen mir die Sachen, die ich über Euch gesagt habe, ziemlich aufgesetzt und überspannt vor.*

*Ich merke auch, dass ich die Fähigkeit, emotional differenziert zu reagieren, täglich mehr einbüsse als Folge des Prozesses, in dem ich hier drinstecke. Die tägliche Erfahrung mit dem Repressionsapparat ist, dass eine Blösse, die man sich gibt, sofort ausgenutzt wird ... Das soll und darf aber keine Begründung sein, mir ist auch klar geworden, dass ich mich selbst aufgebe, wenn ich mich davon bestimmen lasse. Ist ja mein ursprüngliches Ziel: freie intensive Beziehungen zu schaffen, natürlich auch mit Euch. Im Moment versuche ich, mir darüber klar zu werden, warum wir so oft in einer Sackgasse gelandet sind. Ich denke, dass das zum grossen Teil an mir lag, dass ich unfähig war, Euch klarzumachen, um was es mir geht. Was ich im letzten Brief (15.10) über Routine beim Besuch gesagt habe, so ist das möglicherweise wieder missverständlich gewesen. Ich hab damit natürlich nicht gemeint, dass Eure Einstellung dazu – bzw die früheren Besuche – routinemäßig ist. Es hat nur dann keinen Sinn, wenn wir nicht in der Lage sind – trotz der Bullen, der begrenzten Zeit, dem Knast drumrum – Kommunikation herzustellen. Das ist natürlich schwer aufgrund der Bedingungen, die hier herrschen. Vielleicht ist das ein Weg: Besuche laufen nur dann, wenn einer von uns ne klare Vorstellung hat, was er besprechen will.*

*Ich hatte jedenfalls bei mir festgestellt, dass ich mich an Euren wöchentlichen Mittwoch-Besuch so gewöhnt hatte, dass ich mich nicht jedes Mal voll darauf konzentriert hatte. Die Gefahr besteht dann, dass einem die Struktur des Gespräches entgleitet (wie zB. bei Deinem letzten Besuch, Vater).*

*Möglichweise verkompliziere ich aber auch alles nur wieder.*

*So, jetzt werd ich mich mal an einen Teil der Zeitungen machen. Auf bald,*

*Johannes.*

Allzu bald fanden die nächsten Besuche allerdings – durch ein bürokratisches Hin und Her – nicht statt. Johannes war nach Rastatt verlegt und dem Oberlandesgericht Stuttgart zugewiesen worden. Nach energischen telefonischen Nachfragen konnte ich ihn am 11. November sehen. Er war wieder im normalen Strafvollzug, jetzt aber nicht mehr mit jüngeren Leuten, sondern wenigen älteren «kaputten, angepaßten Typen», wie er sich ausdrückte. Er hatte gemeinsamen Hofgang, einmal täglich «Freizeit» – ausgewählten Fernsehfilm – , jetzt auch wieder zwei Zeitungen und Zeitschriften, Radio ohne UKW, drei Bücher in der Zelle, häufige Kontrollen und damit «systematischen Schlafentzug», wie er sagte und schrieb:

*Begründet wird dies mit dem zynischen Argument der Sui-*

*zid-Verhinderung. Ich erkläre hiermit, noch einmal ausdrücklich, dass ich nie Selbstmord machen werde!*
*(15.11.77)*

Im gleichen Brief kommt Johannes auf einen Brief von Jürgen nach seinem letzten Besuch am 2.11. zurück, der in Gegenwart von zwei Beamten stattgefunden hatte, die sich gegenseitig vielsagende Blicke zugeworfen hatten, wie Jürgen schreibt. Jürgen wollte sich mit Johannes mehr als bisher über gewisse Fakten auseinandersetzen, sie verarbeiten und besprechen «unter der Voraussetzung der Verurteilung krimineller Taten, und zwar aus ethischen wie auch politischen Gründen.»
Johannes schreibt dazu:

*...Was ist «kriminell»? Auf keinen Fall eine absolute Größe oder ein moralischer Wert, der nicht in Frage zu stellen wäre.*
*Der Begriff der Kriminalität unterlag doch zu allen Zeiten der Definition der Herrschenden, dh er orientiert sich an den Interessen und Ansprüchen derjenigen, die über die Staatsgewalt verfügen und wird von diesen auch ideologisch auf eine scheinbar unantastbare moralische Ebene gehoben.*

Er bringt dann verschiedenste Beispiele, stellt die Leute, die Häuser besetzen, weil sie kein Dach über dem Kopf haben, den Grundstückaufkäufern mit ihren Wuchermieten gegenüber, erwähnt das Todesurteil, das Ministerpräsident Filbinger als Marinerichter noch kurz nach dem Krieg gegen einen kommunistischen Deserteur erließ, und fragt:

*«War Truman «kriminell», als er Befehl für den Abwurf zweier Atombomben auf Hiroshima und Nagasaki gab?»*

Der Stoff zum Nachdenken ging uns nicht aus.
Auch in anderer Hinsicht nicht. So rief mich der am OLG Stuttgart für Johannes' Fall zuständige 1. Staatsanwalt an, er würde uns gern kennenlernen, um sich ein Bild von Jo-

hannes zu machen, er wisse ja nichts über Johannes' Werdegang. Ein merkwürdiges Ansinnen. War es nur gut gemeint? War es überhaupt zulässig? Wir lehnten es nach einer Bedenkzeit und nach Besprechung mit Johannes ab, wir wollten das Verhältnis zu ihm nicht weiter gefährden.
Vor meinem ersten Besuch in Rastatt war ich übrigens gründlich überprüft worden. Ich mußte den Rock ausziehen und die Bluse hochkrempeln, ein Pflaster an meinem Finger entfernen, meinen Ring abstreifen und die Schuhe ausziehen. Was das sollte, blieb unklar. Einfach mal was anderes, wie wir sagten.
Johannes schnitt selbst das Thema Anwalt an. Rechtsanwalt O. war wegen früherer Verteidigung von Andreas Baader abgelehnt worden (Es waren keine Doppelmandate mehr zugelassen). Rechtsanwalt F., der ihn zu jener Zeit wohl halbwegs ernsthaft betreute, hatte uns bereits einen Honorarvorschlag von DM 7500,– gemacht, was wir abgelehnt hatten. Ich sagte Johannes, daß wir nur einen Anwalt bezahlen würden, den wir selber wählten. Nach wie vor gelte unser Argument: Um zu beweisen, daß er unschuldig sei, brauche er keinen linken Anwalt, und der, den wir anfangs vorgeschlagen hätten, hätte ihn wahrscheinlich längst draußen. Johannes' Argument: Er müsse zu dem Anwalt Vertrauen haben.
Neben dem selbstgewählten Verteidiger wurde jedem Angeklagten ein Pflichtanwalt zugeordnet, damit im Falle von Störungen der Verhandlung, z.B. wenn der Anwalt unter Protest den Saal verließ oder aus irgendwelchen Gründen ausgeschlossen wurde, der Prozeß formal fortgesetzt werden konnte. Diese Pflichtanwälte erfüllten ihre undankbare Aufgabe häufig recht lässig (ich habe zum Beispiel einen während der Verhandlung gemächlich Zeitung lesenden erlebt), waren nicht eingehend mit der Materie befaßt und bei den Häftlingen entsprechend unbeliebt.

Johannes kam dann auf den Gedanken zu beantragen, daß Herr F. für ihn als Pflichtanwalt eingesetzt werden sollte, und das wurde genehmigt, nicht ohne daß Staatsanwalt K. sich mir gegenüber in einem Telefonat darüber wunderte, daß Johannes sich mit F. duzte. Es zeige zu wenig Distanz.
Die Räumung der Wohnung in der Baumeisterstraße, für die wir weiter Miete zahlten, stand noch an. Da es weder bei Sabine S. noch bei Johannes inzwischen auch nur zur Ankündigung eines Prozesses gekommen war, mußten sie mit einer längeren Haftzeit rechnen und erteilten die entsprechende Vollmacht. Hauseigentümer J. war mit einer Kündigung zum 30.11.77 einverstanden, und Clemens und Frau C. lösten die Wohnung auf.
Der Prozeß wurde dann schließlich auf fünf Tage zwischen dem 7. und 21. April 1978 in Stammheim festgesetzt und Johannes dorthin verlegt. Vieles war in diesem riesigen Hochsicherheits-Gefängnis strenger als in Pforzheim und Rastatt. So schreibt Johannes am 8.4., weshalb er den «Hofgang» in einem Drahtkäfig auf dem Dach doch nicht mehr mitmacht:

> *...3. läuft gegen mich in dieser beziehung (nicht nur in der) die sonderschikane einer jeweiligen total-leibesvisitation (zweimal umziehen, das auch zu jedem termin, zu jedem ra-besuch, vor und nach einkauf, vor und nach tv, das ich deshalb auch nicht mache, vor und nach besuchen, also jedesmal, wenn ich die zelle verlasse).*
> *hier haben sie die zelle mit so nem fiesen creme-orange gestrichen, wahrscheinlich ist das jetzt die neue superfarbe, die elektronisch abtastbar ist, wovon man kürzlich lesen konnte. die zelle ist kleiner als die in rastatt, vor allem ziemlich dunkel (erdgeschoss, über dem fenster ist so ein «erker»-vorsprung), die möbel sind angeschraubt. das bett ist merkwürdigerweise 2,50 meter und dominiert den raum. bis jetzt hab ich noch keine stelle rausgeknobelt, wo ich wenigstens liegestütze machen kann. der tisch ist ein*

*kreissegment in der ecke in die wand eingelassen. na ja, das sind die sachen, an die man sich schnell ‹gewöhnt›.*
*nachts funzeln die hier ab und zu durch die dann mit geklapper geöffnete türluke (laut vorgelesener verfügung nachts mindestens drei mal) und zwar mit so ner taschenlampe (die mir dann immer wie ein flak-scheinwerfer vorkommt).*
*das fenster: doppelgitter+drahtverhau+fliegengitter=vier gitter.*

Die Zellenbeschreibung, die wohl nur durch einen Zufall die Zensur passierte, ist vielleicht insofern ganz interessant, als in den Medien bis in in unsere Zeit hinein (z. B. in dem Dokudrama über die Schleyer-Entführung) häufig ein ganz anderes Bild der Unterbringung der Gefangenen gezeichnet worden ist. Aber auch davon abgesehen: Mich packt noch heute eine Beklemmung, wenn ich mir vorstelle, wie sich immer wieder, über Jahre, die schwere Tür schloß und Johannes in einem solchen oder ähnlichen Raum allein blieb.

Und trotzdem verzichtete er zu dieser Zeit wegen der ständigen Leibesvisitationen auf Besuche, die für Nichtangehörige nur eine Viertelstunde dauern durften und daher sowieso kaum substantielle Gespräche möglich machten, zumal über die eigenen Haftbedingungen und die von andern nicht gesprochen werden durfte. Wir Familienangehörigen erhielten nach einiger Zeit auf Antrag je eine volle Stunde Besuchszeit alle vierzehn Tage.

Zu den Prozeßterminen, die sich über knapp zwei Monate hinzogen, konnten Jürgen und ich aus beruflichen Gründen nicht immer beide fahren. Ich erinnere mich an die bedrükkende Abfolge der Schleusen, die man passieren mußte, um in den Gerichtssaal in Stammheim zu gelangen. Man durfte dorthin außer einem Stück Papier und einem vorher geprüften Stift nichts mitnehmen, wurde abgetastet und mit Metallsonde überprüft, mußte Ausweis, Schmuck und Armband-

uhr abgeben. Der Prozeßbeobachter als potenzieller Täter. Es waren denn auch nur sehr wenige Besucher dort, Polizisten in Uniform und in Zivil überwogen bei weitem. Auch von der Presse ließ sich niemand blicken, dazu war der Prozeß wohl zu unwichtig.
Es ging bei der Beweisaufnahme in keinem Punkt darum, Johannes eine kriminelle Tat im üblichen Sinne zu unterstellen, sondern ausschließlich um den versuchten Nachweis einer Verbindung zu dem inhaftierten ehemaligen Rechtsanwalt Siegfried Haag, der mit einem Roland Mayer eine Operation mit dem Kennwort «Margarine» geplant haben und Johannes unter dem Decknamen «Tim» in seine schriftlichen Pläne einbezogen haben sollte. Besagter Tim sei im Zusammenhang mit Wörtern wie «Pappen» (Ausweise), «Depot», «Basteln» und «Einkauf» sowie einem «Schießplatzcheck» in Haags Papieren erwähnt, übrigens auch einmal mit dem Hinweis: «Will weg». Falls es sich überhaupt um Johannes gehandelt haben sollte: Hatte er aussteigen wollen?
Als belastend für Johannes wurde vom Gericht zudem bewertet, daß es im Dezember 1976 in der Wohnung von Adelheid Schulz (der Freundin von Christian Klar, die Johannes seit seiner Schulzeit kannte) Fingerabdrücke von Johannes ebenso wie von dem inzwischen untergetauchten Christian Klar gegeben hatte, wenn der Senat auch einräumen mußte, daß das Alter der Fingerspuren *«und damit die etwaige Gleichzeitigkeit der Entstehung daktyloskopisch nicht festzustellen ist»*.
Die Operation «Margarine» hatte gar nicht stattgefunden, was da geplant gewesen war, blieb offen.
Jürgen schrieb nach all dem am 28. Mai, ehe er zu einer Dienstreise nach Sardinien aufbrach, noch guten Glaubens an Johannes:

*...Was Deinen Prozeß betrifft, so konnte ich – soweit ich teilnehmen konnte – nicht erkennen, daß von den vielen*

*Anklagepunkten auch nur einer durch eindeutige Tatsachen zu belegen war. Das Gericht darf nicht bei Vermutungen stehen bleiben, es muß Dir Deine Schuld nachweisen und es muß dem Prinzip noch immer folgen «in dubio pro reo». Da es dem Staatsanwalt nicht und vorher keinem Zeugen der Staatsanwaltschaft gelungen ist, Deine Beteiligung an einem Verbrechen oder Deine Schuld im Sinne der Anklage zu erhärten, hoffe ich noch immer, daß Du am 1. Juni frei sein kannst.*

Der 2. Strafsenat des Oberlandesgerichts Stuttgart sah das anders. Johannes wurde im Namen des Volkes am 6. Juni 1978 der Mitgliedschaft in einer terroristischen Vereinigung schuldig befunden und zu einer Freiheitsstrafe von 1 Jahr und 10 Monaten verurteilt.

*«Der Angeklagte trägt die Kosten des Verfahrens.»*

Ich zitiere aus dem schriftlichen Urteil in bezug auf die Aufgaben, die Johannes angeblich von Haag und Mayer für die Zeit zwischen dem 20. November und dem 7. Dezember 1976 gestellt worden waren:

*Auch hinsichtlich all dieser Anweisungen steht indessen nicht fest, ob und in welcher Weise der Angeklagte ihnen nachgekommen ist.*

Und:

*Auch die Art seiner etwa tatsächlich erbrachten Beiträge ist unbekannt, so daß aus dem Fehlen einschlägiger Tätigkeitsspuren Rückschlüsse nicht gezogen werden können (S. 16). Der genaue Umfang der vom Angeklagten <u>tatsächlich</u> ausgeübten Tätigkeit hat sich nicht ermessen lassen. Andrerseits kann nicht unbeachtet bleiben, daß die dem Angeklagten <u>zugedachten</u> Aufgaben von erheblichem Umfang waren und daß er fest in den Täterkreis einbezogen war. Das Ausmaß der von der Gruppe beabsichtigten Straftaten war beträchtlich.*

Zur Urteilsverkündung an jenem heißen Junitag, zu der

mich Freunde von Clemens nach Stammheim gefahren hatten, war übrigens niemand von der Presse erschienen, obwohl über mehrere Bekannte von uns Journalisten angesprochen worden waren. So konnte sich kein Zeitungsleser darüber wundern, daß jemand für ihm zugedachte Aufgaben zur Vorbereitung einer nicht ausgeführten Tat zu 22 Monaten verurteilt werden kann. Die Medien begnügten sich mit einer dpa-Meldung über die Begründung «Mitgliedschaft in einer terroristischen Vereinigung» und über das Strafmaß.

Johannes schreibt am 22.6. an Jürgens Schwester Annelise:

> *die 22 monate sind offensichtlich ein kompromiss zwischen dem eingeständnis, dass die punkte, die mir angehängt werden sollten – also die konstruktionen im konkreten – einerseits leicht absurd sind, ich andererseits mit einer distanzierung von den anderen politischen gefangenen nicht dienen konnte, aus meiner opposition zu diesem staat keinen hehl gemacht habe und in meiner schlusserklärung ein paar takte zu stammheim, den ‹todesfällen› – u.a. – gesagt habe. selbstverständlich auch zu den haftbedingungen, zu diesem überwachungsstaat und ein paar punkte zur internationalen rolle der brd. natürlich hat das gericht diese schlusserklärung in seinem urteil entsprechend ‹gewürdigt›.*
>
> *man könnte jetzt natürlich sagen, dieses verhalten hätte mir technisch nicht genutzt – übrigens auch politisch nichts, oder nur begrenzt, da die presse das verfahren inhaltlich natürlich totgeschwiegen hat und sich die öffentlichkeit in so eine polizeifestung wie stammheim inzwischen verständlicherweise nicht mehr reinhockt – aber ich habe da so eine einstellung dazu wie du es in deinem brief auch geschrieben hast: das denken und handeln auch vom richter nicht bestimmen lassen (obgleich du das möglicherweise anders gemeint hast).*

Man darf sicher sein, daß die Historikerin Annelise, die alles andere als revolutionär gesonnen war und ist, es anders gemeint hatte und Johannes dies auch wußte, als er, mit einem gewissen Stolz, diese Zeilen schrieb. Er hatte – trotz unserer Ermahnungen und trotz Abraten seines Anwalts – das Schlusswort zu einem radikalen Rundum-Kahlschlag benutzt und dafür eine sicher beträchtlich längere Zeit im Gefängnis in Kauf genommen. Die Öffentlichkeit hatte er damit, wie er im Brief einräumt, nicht erreicht, aber für sich selbst und sicher auch in den Augen von ein paar anderen Menschen – uns zum Beispiel – die Bestätigung erhalten, daß er kein krimineller, sondern ein politischer Gefangener war, daß es sich um ein Gesinnungsurteil handelte.

Wörter wie ‹unklug› oder ‹realitätsblind› oder ‹geltungsbedürftig› decken sein Verhalten nicht ab, mögen diese Adjektive vielleicht auch zum Teil zutreffen. Treue zu Freunden und Gerechtigkeitsfanatismus waren sicher außer dem Ziel der «Entlarvung» des Gerichts wichtige Beweggründe für ihn. Ich mußte als Mutter einfach lernen, ihn so zu akzeptieren, wie er war, wie er geworden war.

In dem gleichen Brief schneidet Johannes ein ganz anderes Thema an, indem er auf den Tod von Annelises und Jürgens Bruder Diether Thimme eingeht, der kurz zuvor gestorben war, und schreibt etwas ebenfalls für ihn Charakteristisches dazu:

*Jürgen meinte, die ärzte seien brutal gewesen, indem sie diether gesagt hätten, dass er nicht mehr lange zu leben habe. ich weiss zwar nicht, wie sie es ihm gesagt haben, aber gegen ärzte, die den kranken – mit welchen begründungen auch immer – täuschen, habe ich nen ziemlichen hass. das ist dann wirklich ein unwürdiger tod, wenn man zum schluss noch mitkriegt, dass einem ärzte oder verwandte noch ein theater vorgemacht haben …*

*ich glaube, man kann krankheit und tod ziemlich viel ent-*

*gegensetzen, wenn man sich damit bewusst auseinandersetzt und sich eben nicht fremdbestimmen lässt... ich weiss zb von fällen, wo krebskranke ihre letzten monate in völliger isolation in einer eisentonne bei radiumbestrahlung verbracht haben. das ist dann wirklich menschenverachtender zynismus. auf jeden fall sollte man krankheit, tod, knast oder was einem sonst noch passieren kann, nicht metaphysisch sondern dialektisch betrachten und leben, weil eben alles anfang und ende hat. das bedeutet nicht fatalismus, im gegenteil. die entscheidende frage ist letztendlich nicht die von quantität sondern qualität, also ob man intensiv, als subjekt gelebt hat, lebt. mit andern worten, es geht darum, als freier mensch die initiative zu entwickeln und zu behalten und in den zwischenmenschlichen beziehungen marktwert, besitz, fremdbestimmte identifikation zu eleminieren. dies gilt natürlich auch für gesellschaftliche gruppen oder die beziehungen zwischen völkern...*

Auch im Alltag wollte er, wollten wir, uns unsern Umgang miteinander nicht «fremdbestimmen» lassen. Eine Woche vorher hatte es gerade wieder einmal ein Beispiel gegeben: Das erste Wiedersehen nach dem Prozeß sollte hinter einer Trennscheibe stattfinden, und wir hatten es sofort abgebrochen, Jürgen übrigens lautstark gegen diese Maßnahme protestierend.

Dazu unser Brief vom 17.6.78 an den Vorsitzenden Richter am Oberlandesgericht:

*Sehr geehrter Herr Dr. F.,*

*am 14. Juni besuchten wir unsern Sohn Johannes in Stammheim. Zu unserm Entsetzen durften wir ihn nur hinter einer Trennscheibe sprechen.*

*Auf unsere Frage bei der Anstaltsleitung, wer diese einer gesetzlichen Grundlage entbehrende Maßnahme angeordnet habe, wurde uns von dem stellvertretenden Anstaltsleiter geantwortet, daß dies das Baden-Württembergische*

*Justizministerium getan habe. Unsere Frage, ob man uns die Anordnung schriftlich geben könne, wurde verneint.*
*Sie kennen die Kontrollen in Stammheim. Nach einer sorgfältigen Untersuchung durch Abtasten bis zum Öffnen der Kleider und Ausziehen der Schuhe und Anwendung einer Metallsonde ist in Gegenwart von zwei Polizeibeamten dafür gesorgt, daß keine unerlaubten Gegenstände in die Besuchszelle gebracht oder gar dem Häftling übergeben werden können.*
*Unser Sohn hat sich in den dreizehn Monaten der Haft korrekt verhalten, und meine Frau und ich, beide im Staatsdienst tätig, haben sicherlich niemals Anlaß zu dem geringsten Zweifel an der Loyalität und Korrektheit unserer Handlungen geboten. Also, was bezweckt diese den Häftling wie den Besucher diskriminierende Trennscheibe? Nach dem – wenn auch noch nicht rechtskräftigen – Urteil kann unser Sohn in knapp neun Monaten in die Freiheit zurückkehren. Wie wird er das tun, wenn er neun Monate lang von jedem menschlichen Kontakt zur Außenwelt abgeschnitten ist, wenn er keinem Menschen mehr die Hand hat geben können? Die Besuche, die jedem Häftling zustehen, sind kein Freundlichkeitsbeweis der Obrigkeit, sondern entspringen der Fürsorgepflicht des Staates, damit der Häftling als Mensch unter Menschen in das normale Leben zurückkehren kann.*
*Wir wollen unsern Sohn mit unsern Besuchen ermutigen, die schwere Zeit der Haft durchzustehen, damit er, aus der Haft entlassen, nicht durch eine menschliche Verarmung unüberwindliche Schwierigkeiten bekommt. Unser Sohn hat jetzt Besuche hinter der Trennscheibe abgelehnt. Wir verstehen seine Entscheidung vollkommen. Denn für ihn und uns ist diese die Besuchsordnung noch weiter einschränkende Maßnahme, da nicht notwendig, im wesentlichen schikanös…*

*Wir bitten Sie als den für die Haftbedingungen unseres Sohnes zuständigen Richter, die Maßnahme der Trennscheibe bei Besuchen unseres Sohnes aufzuheben. Diese Maßnahme ist völlig unverhältnismäßig und widerspricht der Fürsorgepflicht des Staates.*

Am gleichen Tag schrieb Jürgen an Johannes:

*... die Erfahrungen, die wir mit Deiner Anklage, Inhaftierung und Verurteilung gemacht haben, bringen einem besonders deutlich die Ohnmacht zum Bewußtsein, wenn man als Bürger isoliert und in keiner Gruppe integriert ist. Ich will jetzt wenigstens einen Anfang machen und werde Amnesty International beitreten ...*

Am 21. Juni wurden vom 2. Strafsenat per Verfügung Besuche von Eltern und Geschwistern ohne Trennscheibe zugelassen.

In den Briefen der folgenden Wochen und Monate schneiden wir immer wieder die Frage an, in welcher Form Johannes nach der Haftzeit einen neuen Anfang machen könnte. Es war uns ja allen klar, daß dies für ihn sehr schwierig sein würde. Am 17.6. frage ich ihn, ob er sich vorstellen könne, Sinologie, wenn auch nicht unbedingt als Hauptstudienfach, wieder aufzunehmen und eventuell zusammen mit einem technischen Fach auszubauen, um später in China zu arbeiten. Im Juli erwähne ich eine nichtstaatliche Gruppe in Karlsruhe, die selbst in einer Wohngemeinschaft lebt und sich um soziale Randgruppen kümmert. Im August schreibe ich an Johannes, daß unser Freund Christof ihm als Übergang jederzeit einen Job in seiner Druckerei oder seinem Verlag geben würde. Auch daß unsere Freundin Cläre (die Johannes von Kindheit an sehr gern mochte) gemeint hätte, es sei für ihn vielleicht erst mal ganz schön, etwas Richtiges mit den Händen zu arbeiten, in der Landwirtschaft zum Beispiel, vielleicht auf solch einem Versuchsgut, wo alles auf biologischer Grundlage gemacht würde. Ein Bekannter von Cläre habe danach Agrarwissenschaft studiert:

> *Zusammen mit guten Sprachkenntnissen könnte man doch in Ländern, die einen wirklich brauchen, etwas anfangen mit so etwas. Man muß einfach ein bißchen mit Ideen spielen, manchmal kommt man vielleicht durch Zufall auf das Richtige.*
>
> *Es ist so wichtig, daß Du eine Perspektive siehst und schon anfangen kannst, Dich auf etwas vorzubereiten und zu freuen. Ich stelle mir auf den gräßlichen Fahrten nach Stuttgart, eigentlich mehr auf dem Rückweg, wenn wir Dich in der Festung zurücklassen, vor, wie wir nach Deiner Entlassung zum letzten Mal und dann mit Dir gemeinsam diesen Weg machen. Ich freue mich darauf.*

Bald danach wurde Johannes nach Ludwigsburg verlegt. Am 29.8. bittet er mich um Unterlagen über Agrarwissenschaft:

> *wie ist das denn mit der regelstudienzeit, kann ich in der brd zb überhaupt noch mal auf ne uni (4 semester habe ich wohl insgesamt schon). ich bin mir zwar noch nicht sicher, ob ich in dieses studium einsteige, politik und geschichte werde ich jedenfalls mit sicherheit nicht mehr machen. da kann man die interessanten sachen auch selbst lesen. pädagogik würde mich auch interessieren, aber lehrer ist für mich wohl ein für allemal gestorben. also schick mir bitte mal was zu agrarwissenschaft.*

Im übrigen bittet er wieder um eine Reihe von Büchern, u. a.: Die deutsche Justiz und der Nationalsozialismus, Bde. 1–3, dva; T.W. Mason: Sozialpolitik im 3. Reich; E. Kogon: der SS-Staat; Bruno Bettelheim (über Erfahrungen im KZ); H. G. Adler: Der verwaltete Mensch; B. Engelmann: Deutsches Anti-Geschichtsbuch; Gossweiler u.a.: Deutschland 1933–39, Lehrbuch der deutschen Geschichte.

Johannes schreibt aber auch über die Schwierigkeit der Verarbeitung und Relativierung seiner pausenlosen Lektüre ohne Dialog. Er schlägt vor, die Bücher über die Landesbibliothek auszuleihen, damit es nicht zu teuer wird. Beim Besorgen der Lektüre war Clemens meist behilflich.

Ein längerer Briefwechsel entfaltet sich mit der Bürokratie über einen Kassettenrecorder und Kassetten mit einem Langenscheidt-Spanisch-Sprachkurs, die nicht zu Johannes gelangen, das Gleiche hatte sich schon einmal etwa vier Monate lang mit einem sogenannten Deuser-Band abgespielt, einem elastischen Band zum Muskeltraining. Dies waren nicht die einzigen Anlässe für eine Korrespondenz mit den Behörden. Am 23. Oktober schreiben wir in einem Brief, in dem es zunächst um die Besuchsdauer geht, an den Ermittlungsrichter:

> *Außerdem bitten wir zu überprüfen, ob für unsern Sohn weiterhin die Verfügung bestehen bleiben muß, daß er sich vor und nach jedem Kontakt mit andern Personen nackt ausziehen und die Kleidung wechseln muß. Diese Verfügung führt dazu, daß unser Sohn, um seine persönliche Würde zu wahren, jeden Kontakt mit andern Menschen außer uns ablehnt. Wir halten wie er diese entwürdigende Prozedur für unverhältnismäßig…*

Johannes hatte selbst schon einen entsprechenden Antrag gestellt. Die Justizvollzugsanstalt lehnte ab. Johannes nahm nun nur noch von Familienangehörigen Besuche an. Er beteiligte sich auch nicht mehr an Gemeinschaftsveranstaltungen im Gefängnis.

Am 8.11.78 schrieb er:

> *solchen anträgen liegt ne naive vorstellung von der «gewaltenteilung» in diesem staat zu grunde. ganz einfach, weil die haftbedingugen nicht von den gerichten festgelegt werden, sondern von der exekutive: justizministerium/bka. und diese schert die politischen gefangenen aus zwei gründen über einen kamm: die innere ursache besteht in*

*der tatsache, dass die repression ab einem gewissen punkt nicht mehr differenzieren kann – da entwickelt der Staat ne bestimmte eigendynamik –, die äussere ursache ist die notwendigkeit, den begriff «terroristische gewalttäter» immer weiter auszudehnen, um aus propagandistischen gründen die «volksschädlinge» (SPIEGEL) quantitativ aufzustocken, denn irgendwo will ja dieser riesige apparat auch legitimiert sein.*

*dass die brd ein massnahme-staat und eben kein rechtsstaat ist, dass die unabhängigkeit der gerichte fiktion ist, hatte sich ja ziemlich deutlich zu beginn der kontaktsperre gezeigt. damals hatte bgh-richter kuhn die anwälte explizit von der kontaktsperre ausgeschlossen – und laut gesetz ist allein der haftrichter für solche massnahmen zuständig – was die jva's unter berufung auf das jumi (Justizministerium) glatt ignorierten.*

*...denn der staat sitzt strategisch total in der klemme. seinem wesen nach kann er nur reagieren, ist zur antizipation völlig unfähig, dazu fehlt diesen bürokraten die phantasie. und dann fehlt dem staat auch die moral, er kann keine ideologie mehr vermitteln, allenfalls ein ideologiesurrogat. das ist alles nur noch krisenmanagement: technokratie, präventive erfassung und elektronische durchdringung der bevölkerung, innere aufrüstung. die dialektik von repression und widerstand entgleitet ihm völlig, er ist in jedem fall objekt.*

In einem langen Brief vom 19.11.78 scheinen mir einige Stellen Aufschluß zu geben über weitere Gedanken, die Johannes durch den Kopf gingen, und die zugleich auch die Zustände in dieser Haftanstalt illustrieren:

*liebe eltern,*

*da schon länger kein besuch mehr war, schreibe ich mal wieder.*

*hier gehts mal so mal so, was im grunde merkwürdig ist,*

*dann eigentlich müsste sich das bewußtsein, das emotiolnale ich, in einem konstanten zustand befinden, da die äusseren umstände – das sein – absolut konstant bleiben. jemand hat mal von ‹potenzierung der isolation› gesprochen (ein gefangener während der kontaktsperre), aber diese potenzierung betrifft wohl auch immer nur abschnitte, so dass man insgesamt von einer wellenbewegung sprechen kann.*
*die drei brecht-bände und die beiden von benjamin sind da. mit den brecht-gedichten kann ich sehr viel anfangen. dadurch dass er seine beobachtungen und erkenntnisse in diese komprimierte sprache packt, also im positiven sinne abstrahiert, hat diese literatur einen hohen gebrauchswert. und das ist ja der sinn. also gebrauchswert im gegensatz zu tauschwert, sein im gegensatz zu haben. sich nicht bildung oder zahlen aneignen, die man dann auf nen markt werfen kann, sondern werkzeuge, mit denen man beobachtungen/erfahrungen auf den begriff bringen kann. wenn's hier überhaupt ne positive erfahrung geben kann, dann ist es die besitzlosigkeit. und der isolierte gefangene ist ja besitzlos, wie man besitzlos nur sein kann.*
*und nicht nur in dem oberflächlichen sinn, dass man vom warenverkehr der konsumgesellschaft ausgeschlossen ist und materiell nichts besitzt. warenbeziehungen gibt's ja auch zwischen menschen, ohne dass materielle waren ausgetauscht werden müssen. zb. in der sprache, sprechweise, kleidung, indem der starke macker oder der coole durchblicker, der aktivbürger oder nicht-konformist markiert werden. also rollen, die man sich anzieht, um dafür ne bestimmte reaktion einzutauschen, sei es nun bewunderung, angst, auf die schulter klopfen oder weiss der kuckuck.*
*man ist (hier) so in nem gefährlichen sinne «frei», hat keine beziehungen mehr, somit stellt man keine ansprüche an andere und andere erwarten nichts von einem. das*

*führt dann in letzter konseqenz dazu, dass es einem ziemlich egal ist, was reaktionen von anderen sind. naja, das ist mehr die allgemeine tendenz hier als die realität. aber der emotionale zustand ist oft so.*
*denn wenn man diesen nullpunkt erreicht hat, also beziehungen nicht mehr vorhanden sind, dann ist man ja auch kein mensch mehr, da der nun mal ein soziales wesen ist.*
*hier bemüht sich die anstaltsleitung offenbar, mir in den verbleibenden 4 monaten noch den hahn abzudrehen. ich habe jetzt nicht nur einzelhof, sondern hofgang in so nem mini-hof, der eigentlich einen besseren zwinger darstellt. ist ein rechteck von ca 12 auf 8 meter. das klingt vielleicht nicht so schlimm, man muss sich aber dazu die ziemlich hohen mauern vorstellen; man geht also praktisch in ner schachtel. ich mache deshalb meistens nur zehn minuten hofgang, weil dies an der mauer entlangschleichen länger einfach nicht auzuhalten ist. der grund für diese verschärfung liegt offenbar darin, dass ich es gewagt hatte, während des einzelhofgangs im grossen hof mit einem anderen gefangenen zu sprechen. das war ein deserteur, der hier seine zehn monate dafür absitzt, dass er erst während seiner bundeswehrzeit drauf kam, dass das nicht das wahre ist; verweigern konnte (oder wollte) er wohl nicht mehr.*
*das zeigt ungefähr die verbissenheit dieser sicherheitsfanatiker, für die jeder menschliche kontakt ein sicherheitsrisiko wird. zeigt natürlich auch die wahnsinnige angst, die sie haben vor der tatsache, dass sich ein politischer gefangener mit anderen unterhält. d.h. ein deserteur ist in meinen augen auch ein politischer gefangener. ich hatte lediglich einmal ein paar minuten zu ihm ins fenster reingesprochen. und es zeigt allerdings auch diesen dreck, der da qua justizministerium lanciert wurde und wird, dass die politischen gefangenen in dem sinn isoliert seien, dass die «normalen» sie ablehnen würden …*

*ich war jetzt hier mal beim augenarzt («sie brauchen keine brille mehr, da sie ja doch die todesstrafe kriegen», war dessen kommentar dazu – witzig, witzig) und brauch also ne brille …*

*die kassetten (Sprachkurs) habe ich übrigens immer noch nicht.*

Am Tag darauf haben wir Johannes besucht, und ich schreibe am 23. November:

*Ich bin diesmal irgendwie froh von Dir weggefahren … Du hast Deine Identität im Gefängnis nicht nur gewahrt, sondern sie in mancher Hinsicht gefestigt. Die Stationen zu Deinen jetzigen Ansichten sind sicher von großen geistigen Anstrengungen und vielem Auf und Ab begleitet gewesen. Ich habe oft gefürchtet, daß Dich diese Zeit so stark verbittert und verhärtet, daß Du der politischen Wirklichkeit Dich ganz verschließen könntest. Deine Erfahrungen konnten sicher kein Ja zu diesem Staat hervorbringen. Daß Du aber nach all dem den bewaffneten Kampf als falschen Weg für Dich ablehnst, zeugt von einer wirklichen geistigen Auseinandersetzung mit dem, was geschieht.*

Meine Erleichterung über seine distanzierende Stellungnahme zur Gewalt läßt sich gewiß leicht nachvollziehen. Es war natürlich nicht so, daß wir Johannes bei jedem Besuch gefragt hätten, ob er den bewaffneten Kampf ablehne. Seine Äußerung hatte sich, so glaube ich mich erinnern zu können, im Gespräch über die Aussteigerin Astrid Proll ergeben, die in England als Sozialarbeiterin gelebt hatte, nun aber gefaßt und wieder eingesperrt worden war.

Daß wir jetzt jeweils 60 Minuten Besuchszeit, wenn auch entsprechend seltener, hatten, erwies sich als fruchtbar. Man konnte Alltägliches besprechen und trotzdem, ohne unter Zeitdruck zu stehen, ein richtiges Gespräch führen. Öfters kaufte ich mir die Bücher, die Johannes las. Zur Lektüre der Brecht-Gedichte zum Beispiel hat er mich angeregt, und ich mag noch heute einige davon besonders gern, finde eigene Erfahrungen darin wieder. Ich verstand später auch den Ausdruck «Gebrauchswert», den Johannes in diesem Zusammenhang verwendet hatte und der mir zunächst etwas seltsam vorkam. ‹Literatur als Lebenshilfe› ist in der Literaturwissenschaft ja eher ein Begriff, über den man sich mokiert. Als kritischer Ansatzpunkt mag er nicht taugen – aber wird mit solcher Verwissenschaftlichung nicht alles sinnvolle Lesen in Frage gestellt?

«Haben oder Sein» von Erich Fromm hatte ihm seine Tante Wiltrud Thimme geschickt, und ich besaß es auch selbst. Das Buch erreichte 1976/77 innerhalb von zehn Monaten eine Auflage von von 80 000. Viele mehr oder weniger Linke lasen es mit Zustimmung, ja Begeisterung. Johannes hingegen fragt kritisch nach den praktischen Konsequenzen von Fromms Thesen und schreibt darüber (am 19.3.78) an Wiltrud:

> *die grundposition von fromms philosophie ist auch meine … die frage ist halt, ob seine analyse der industriegesellschaften realistisch ist und vor allem seine perspektive einer veränderung nicht von vornherein illusion bleiben muss … fromm schreibt, das ziel müsse sein «herrschaft über irrationale gesellschaftliche kräfte» zu erlangen. er geht aber nicht so weit, die ursache dieser irrationalität auf den begriff zu bringen. sicher: neutronenbombe, hunger, atomkraftwerke, umweltverseuchung, folter, völkermord, totale ausbeutung der ressourcen, die atomwaffenarsenale, volksverdummung, unterdrückung von minoritäten, knäste – man kann die liste ziemlich beliebig fortsetzen – das alles ist ‹irrational›, bedroht oder dezimiert die menschheit, ist einer seinsorientierten gesellschaft diametral entgegengesetzt. fromm appelliert an die vernunft. an die vernunft der menschheit. und das ist eben unsinnig, weil der napalm-produzent oder der staatlich geheuerte*

*folterknecht oder die multinationalen konzerne darauf nicht reagieren werden. eine veränderung kommt nur durch die entschlossenheit der betroffenen, der geknechteten zustande, druck in welcher form auch immer auf die herrschenden auszuüben. es gibt einfach kein beispiel in der geschichte, dass ein idealistischer appell allein eine substantielle veränderung gebracht hätte. fromm fordert ‹adäquate informationen›. wer wird das durchsetzen und in wessen interesse? auch die ‹maximale dezentralisierung von wirtschaft und politik› wird nicht durch einsicht in die vernunft vonstatten gehen.*

*‹die kluft zwischen den reichen und den armen nationen muss geschlossen werden›. doch nur, indem sich die völker der dritten welt vom diktat des neokolonialismus befreien. ‹die frauen sind von der patriarchalischen herrschaft zu befreien›. sicher nicht durch die patriarchalischen herrschenden, sondern nur da, wo frauen dafür kämpfen.*

Auch in der Buchkritik eines solchen Bestsellers ist Johannes' Hauptargument enthalten: Viele sehen, was los ist, aber niemand tut etwas dagegen.

Ich wurde durch die Gespräche mit ihm politisch wacher. Wichtig zum Beispiel für mein Verständnis auch der palästinensischen Seite des Nahost-Konflikts waren die Bücher der israelischen Anwältin Felicia Langer: «Mit eigenen Augen» (1. Aufl. 1974 Tel Aviv [hebräisch], deutsch: pdw Bonn 1977) und Walter Hollstein «Kein Frieden um Israel» (1. Aufl. Fischer Taschenbuch 1972, 5. Aufl. pdw Bonn 1977). Angesichts des weiterhin tobenden tragischen Kampfes in diesem Gebiet sollte ich es jetzt vielleicht noch einmal lesen.

Ständig bat Johannes uns und seine Brüder und Freunde um Lektüre. Anfang Dezember 1978 schreibt er:

*Schickt mir doch mal den marx rein und zwar das kapital. der wird ja bei clemens herumstehen. ich will mich da zwar nicht reinknien, aber doch mal wieder einige sachen von ihm lesen.*

Und er fügt nicht ohne Ironie hinzu:

*a. schopenhauer über das lesen: «(es) zwingt dem geiste gedanken auf, die der richtung und stimmung, welche er für den augenblick hat, so fremd und heterogen sind... der geist erleidet dabei totalen zwang von außen, jetzt dies oder jenes zu denken, wozu er soeben gar keinen trieb noch stimmung hat... daher nimmt das viele lesen dem geiste alle elastizität... und ist, um keinen gedanken zu haben das sicherste mittel, daß man in jeder freien minute sogleich ein buch zur hand nehme. diese praxis ist der grund, warum gelehrsamkeit die meisten menschen noch geistloser und einfältiger macht, als sie schon von natur sind, und auch ihrer schriftstellerei allen erfolg benimmt, sie bleiben ... ‹ob immer lesend, nimmer lesenswert›.»*

*nun kann man hier weder «trieb noch stimmung» anders nachgehen, ist also auf die zähe auseinandersetzung mit dem bedruckten papier angewiesen...*

*ich bin jetzt mal beim fernsehen gewesen, weil ich mir überlegt habe, dass einmal die woche umkleiden zu verkraften ist. ich musste feststellen, dass ich das fernsehen bisher wenig vermisst hatte. aber ich konnte mich mit einigen gefangenen unterhalten. widerlich ist, dass es gefangene gibt, die den job der bewacher übernehmen. «des isch verbote, des hat der oberlehrer feschtgelegt» meinte der «einsteller» (das war sein pöstchen, mit dem die funktion des an- und abschaltens der glotze beschrieben wird), als ich kurz das programm ändern wollte. die mehrheit ist allerdings anders.*

Trotz des beißenden Schopenhauer-Zitats erwog Johannes in dieser Zeit übrigens auch einmal, «draußen» zunächst vielleicht in einer Buchhandlung zu arbeiten.

Weihnachten rückte heran und ich schrieb ihm:

*Ich werde versuchen, nicht sentimental zu sein, worin ich inzwischen schon eine ziemliche Übung habe, und mich stattdessen an den schönen Erinnerungen an frühere Weihnachten zu freuen suchen. 1957 in Erlangen, als Clemens 2 3/4 und Du 1 3/4 Jahre alt wart, waren wir besonders gespannt auf Euer Staunen über den Glanz der brennenden Lichter am großen Tannenbaum. Ich hatte Dich auf dem Arm, als wir das Zimmer betraten. Deine erste und zunächst einzige Reaktion war, mit ausgestrecktem Zeigefinger auf den Baum zeigend, das Wort «Appel!». Du hattest die Äpfel daran entdeckt und warst ja ein leidenschaftlicher Apfelesser. –*

*Hoffentlich hat Dir das Paket zugesagt …*

Johannes und ich hatten genau den möglichen Inhalt des zugelassenen Weihnachtspaketes fast aufs Gramm ausgetüftelt, von dem denn auch bereits am 29.12. «*praktisch nichts mehr übrig*» war, wie er dankbar schrieb.

Nachdenklich fährt er fort:

*Die Tage zähle ich noch nicht, zumal ich das genaue Entlassungsdatum noch nicht weiß. Nach meinen Berechnungen müsste es der 10. März sein. Das Ende des Tunnels ist also sichtbar.*

*Ich empfinde manchmal eine ziemliche Leere, emotional und geistig, was sicher mit der jetzt über 19-monatigen Einzelhaft zusammenhängt. Bestimmte Anstrengungen unternimmt man wohl nur, wenn man in einer Konfrontation mit ganz bestimmten Lebenszusammenhängen steht. Banal gesagt: Von nichts kommt nichts, und ständig über die Haftbedingungen zu grübeln bringt's auch nicht, da wird man entweder verbissen oder verrückt.*

*In seinem Gedicht «Lob der Vergesslichkeit» schrieb Brecht 1938:*

> *Wie erhöbe sich ohne das Vergessen der*
> *Spurenverwischenden Nacht der Mensch am Morgen?*

*Wie sollte der sechsmal zu Boden Geschlagene*
*Zum siebenten Mal aufstehen*
*Umzupflügen den steinigen Boden, anzufliegen*
*Den gefährlichen Himmel?*
*Die Schwäche des Gedächtnisses verleiht*
*Den Menschen Stärke.*

*Besonders der letzte Satz klingt provozierend, zumal wenn man ihn in Zusammenhang mit – sagen wir – Filbingers Gedächtnislücken beispielsweise stellt.*

*Aber Brecht meinte damals sicher etwas anderes, dass es nämlich der menschlichen Natur widerspricht, sich an vergangenes Leid und jahrelange Unterdrückung zu klammern, sondern es vielmehr darum geht, trotz Niederlagen den Kampf für eine menschliche Existenz nicht aufzugeben. Mit anderen Worten: Es gibt nicht nur die Möglichkeiten, entweder gebrochen zu resignieren oder dem Knastsystem alles auf Heller und Pfennig «heimzuzahlen». Ich gedenke mich dieser Dialektik zu entziehen, will mir also – obwohl (oder weil) nicht «resozialisiert» – ein Stück Realität – sprich: Leben – aneignen.*

*Die Parole: «entweder Mensch oder Schwein» lässt mich jedenfalls kalt, ich unterwerfe mich dieser Schmalspur-Dialektik nicht.*

Diesen Brief am Ende des Jahres, in dem Johannes' erster Prozeß stattgefunden hatte und in dem er selbst und auch wir viel Bitteres erlebt hatten, fand ich tröstlich. Das Brecht-Gedicht beginnt übrigens mit den Zeilen:

*Gut ist die Vergeßlichkeit!*
*Wie sollte sonst*
*Der Sohn von der Mutter gehen, die ihn gesäugt hat?*
*Die ihm die Kraft seiner Glieder verlieh und*
*Die ihn zurückhält, sie zu erproben.*

Ich hatte versucht, Johannes nicht zurückzuhalten – und hätte es doch manchmal gern getan.

In dem wohl letzten Brief, den ich (am 7.2.79) an Johannes ins Gefängnis schrieb, bemühte ich mich, seine und unsere künftige Situation zu umreißen und ihm (einmal mehr) eine etwas tolerantere Sicht auf andere Menschen zu vermitteln:

*Ich kann Deine Sorge verstehen, daß Du nicht wirklich frei sein, sondern beobachtet und behindert sein wirst und mit Dir die Menschen, bei denen du lebst und arbeitest. Ich nehme selber an, daß Dir manche Hindernisse in den Weg gelegt werden. Aber damit wirst Du und werden die, die Dir nahe stehen und Dir ein sinnvolles Leben wünschen, fertig werden. Was Jürgen und mich, Deine Brüder und diejenigen unserer Freunde betrifft, die Dich akzeptieren: Wir können die richtige Einstellung finden, wenn Polizisten vor der Tür stehen sollten. Wir wissen, daß Du bewaffnete Gewalt ablehnst und lassen uns von Bespitzelungen oder Verdächtigungen nicht verschrecken.*

*Du hast unsere Wohnung als 1. Wohnsitz angemeldet. Du kannst jederzeit hier sein und auch Deine Sachen unterstellen. Wir erwarten aber nicht, daß Du in den Dich räumlich und auch sonst einengenden Verhältnissen für längere Zeit bleibst. Das versteht sich ja von selbst. Du hast hier einen Ausgangs- und Stützpunkt.*

*Du sagtest in unserm letzten Gespräch, daß Du von Menschen unserer Lebensform und -einstellung gar keinen Besuch hättest haben mögen, wenn wir nicht Deine Eltern wären. Ich finde es gut, daß Du eine Beziehung wie die zwischen Eltern und Sohn, also eine sowohl menschliche wie vitale, trotz in vielen Punkten fehlender Übereinstimmung, bewußt aufrecht erhalten hast. Ich glaube, diese Einstellung wird Dir auch bei den Kontakten, die Du nach Deiner Entlassung brauchst, helfen. Kein Mensch kann erwarten, viele andere zu finden, die sich gleichzeitig mit ihm auf der gleichen geistigen, politischen, psychischen, vitalen Ebene befinden. Und so muß man meiner Meinung nach auch*

*Leute, die einen andern Hintergrund, andere Erfahrungen, andere Veranlagungen und Ziele haben, akzeptieren. Ja, man kann sie sogar sehr gern haben, man kann auch von ihnen lernen, sie können einen bereichern, einem Anregungen geben, einen menschliche Wärme spüren lassen. Und man kann, umgekehrt, ihnen in manchen Dingen helfen und ihnen all dies geben. Und beides braucht jeder Mensch…*

## In Freiheit

Und dann kam endlich der Tag der Entlassung. Ich erinnere mich, daß wir am Abend viel und gut gegessen haben (wahrscheinlich hatte Johannes sich – wie als Kind – das Menü im voraus bestellt), und reichlich getrunken und lange Musik gehört haben. Johannes hatte von seinem Anwalt F. das Doppelalbum von Keith Jarrett ‹The Köln Concert› geschenkt bekommen, das wir zum ersten Mal mit Begeisterung und auch später noch oft hörten. Auch Joan Baez mit «We shall overcome» ertönte natürlich und manches ihrer anderen bewegenden Lieder.

Über seine ersten Schritte in der Freiheit berichtet Johannes an Jürgens Schwester Annelise, die als Professorin in Kanada lebte.

*Auerbach, 13.4.79*

*Liebe Annelise,*

*ich bin jetzt seit gut vier Wochen draussen und das soll nicht heissen, dass ich jetzt keine Briefe mehr schreibe.*

*Die Vermittlung des «drinnen» mit dem «draussen» ist nicht ganz einfach, aber ich fange wieder an zu gehen.*

*Ich wohne hier mit Clemens, Mike und Bärbel (die sich schon seit ca. 10 Jahren kennen + ich kenne sie auch schon so lange, obwohl ich eine engere Beziehung nie zu ihnen hatte) auf dem Lande. Nach Karlsruhe ist es mit dem Wagen ungefähr 20 Min. und das ist ganz gut so, da meine Überlegung war, dass ich erst mal etwas Ruhe brauche.*

*Meine erste Tätigkeit bestand darin, die etwa 2 Zentner Zeitschriften, Briefe usw. durchzusehen, die die jeweils für-*

*sorglichen Richter beschlagnahmt hatten. Was die Linke in Westdeutschland und Westberlin während der letzten beiden Jahre getrieben hat, durfte ich ja im Knast nicht zur Kenntnis nehmen.*

*Auch so fehlt einem einiges. Es ist notwendig, sich neue Arbeits- und Lebenszusammenhänge zu schaffen. Engere Freunde gabs hier draussen erst mal nicht – mit einer Ausnahme vielleicht – und bei einigen Bekannten macht man dann die etwas deprimierende Erfahrung, dass sie sich überhaupt nicht verändert haben, auch gar nichts von sich selbst und dem was sie während der letzten beiden Jahre gemacht haben, erzählen können. Das ist dann etwas anstrengend, wenn man mehrere solche Besuche macht und selbst nichts davon mitnimmt, weil einem mehr oder weniger Apathie und Orientierungslosigkeit entgegenschlug.*

*Naja, ich selbst bin aber keinesfalls resigniert.*

*Ich habe jetzt über die Eltern Antoine und Edith im Elsass kennengelernt … sie ist Schaupielerin und Ende 50, er Anfang 70 glaube ich – arbeiten mit der Fotographie und stellen ‹sculpture-images› her. Dazu stellen sie zunächst das Rohmaterial her: das sind Portraits bzw. Detail-Aufnahmen von ihrem, Ediths, Gesicht. Diese werden dann teilweise zerrissen und die einzelnen Teile (Mund, Nase, Ohren …) auf den Kopf einer Puppe montiert. Dazu kommen dann noch Stoff-fetzen, Haare, Papierschnitzel usw. Wenn das ganze zu einer Komposition zusammenmontiert ist, wird es ausgeleuchtet und abfotografiert. Die ziemlich großflächigen Schwarz-weiß-Abzüge werden dann zum Teil noch chemisch nachbehandelt, sodass sich Farbeffekte erzielen lassen.*

*So ganz identifizieren kann ich mich mit ihrer Kunst noch nicht (verstehen kann man sie eigentlich nur, wenn man den theoretischen Hintergrund erklärt gekriegt hat), aber ich werde wohl in den nächsten Tagen für einige Tage zu ihnen fahren, um mit ihnen etwas zu arbeiten. Ich habe ja im Moment den Wagen der Eltern, da diese für zwei Wochen nach Portugal geflogen sind. (Ich musste ihnen noch während der Fahrt zum Flughafen eine knappe Einführung in die politischen Verhältnisse Portugals geben, sie wussten nichts darüber!).*

*Antoine ist seit einem Jahr krank und hat wohl Krebs, so dass er nicht mehr richtig arbeiten kann, sie wollen die Fotographie aber nicht aufgeben und so war es auch ihr Wunsch, dass ich mal zum Arbeiten komme.*

*Ansonsten mach ich mir Gedanken, was aus mir asozialem und subversivem Element in der nächsten Zeit werden soll. Ich denke gerade über die Möglichkeit nach, ein Praxis-bezogenes Kurz-Studium zu machen, um damit dann für einige Zeit in ein sozialistisches Dritte-Welt-Land zu gehen. Das ist aber noch sehr unkonkret. Man müsste sich in so ein Projekt voll reinknien, sowohl Illusionen als auch Trägheit über Bord werfen, da einen in so einem Land natürlich immense Schwierigkeiten erwarten. Die Überlegung dahinter ist, dieses artifizielle Metropolen-Dasein mal für einige Zeit hinter sich zu lassen. Ich schreib Dir mehr darüber, wenn ich mir das noch genauer durchdacht habe.*

*Was die geheimen Staatsschutzbehörden angeht, so haben die mich bis jetzt einigermaßen in Ruhe gelassen, ich hoffe, das bleibt so. Ach ja, gleich am ersten Tag, als ich bei den Eltern war, standen sie ziemlich albern vor dem Haus, bzw. sassen in einem Wagen und duckten sich dann ganz kindisch unter das Armaturen-Brett, in der Hoffnung, wir würden sie nicht sehen.*

*Da Du ja auch immer über Deine Einrichtung schreibst: Ich habe hier ein relativ grosses Zimmer mit zwei Fenstern nach Südosten und mein erster Wunsch war, was an die Wände zu hängen, um jede Assoziation zu der kahlen Zelle zu vermeiden. In die eine Ecke habe ich also einen ganzen Haufen Fotos gepinnt, die ich während meiner Kalifornienzeit gemacht hatte. Dann hängt da ein inzwischen gerahmter Antes, den mir derselbe gleich zu Beginn meiner Internierung geschickt hatte. (In Grün gehalten: ein eingezwängter ‹Dampedei› schaut in Richtung einer schmalen Öffnung, die hellblau ist und einen ganz guten Kontrast zu dem Grün bildet). Dann habe ich noch einen kleinen grauen Baum von HM Erhardt und einen kräftigen roten Strauss von Shapiro, noch mal drei Photos, ein Hänge-Regal mit Pflanzen und neben dem Oelofen eine Afrika-Karte. Ich bekomme noch eine Shapiro-Zeichnung, die noch gerahmt werden muss.*

*Genug; ich grüsse Dich + hoffe, wieder von Dir zu hören,*
*Johannes*

Die Bilder hatte sich Johannes aus unserer Sammlung ausgesucht. In künstlerischer Hinsicht herrschte zwischen uns mehr Übereinstimmung als in politischer, zudem kannte und mochte Johannes die drei Maler, mit denen wir befreundet waren.

Die eigenen Fotos aus Kalifornien, die er erwähnt, gingen meiner Erinnerung nach weit über gängige Laienknipserei hinaus. Leider sind sie nicht erhalten.

Bei einigen Erinnerungen aus den auf Johannes' Entlassung folgenden Monaten fällt es mir schwer, sie präzise chronologisch einzuordnen, da es kaum schriftliche Unterlagen gibt. Ein Briefwechsel war ja nun nicht mehr notwendig, weil wir uns ab und an sahen, und ich führte auch kein Tagebuch mehr, da nichts passierte, was ich unbedingt genau hätte festhalten müssen. So liegt eine leichte Ironie des Schicksals darin, daß ich Johannes' Bild in den Gefängniszeiten genauer nachzeichnen kann als jenes in der Freiheit.

Durch den «Knast» hatten wir uns wieder besser kennengelernt. Für ihn selbst muß es allerdings oft quälend gewesen sein, daß er in einem Alter, als er sich mit Recht gern innerlich und äußerlich von uns getrennt hätte, in gewisser Weise wieder auf unsere Hilfe angewiesen war und unsern guten Ratschlägen nicht ausweichen konnte. Und auch ich hätte ihn gern abgenabelt. Als er nun draußen war, mischten wir uns zunächst möglichst wenig ein.

Im Juli 1979 haben wir ein paar Fotos von ihm auf dem Balkon unserer Ettlinger Wohnung gemacht, an unserm 25. Hochzeitstag. Wie jung Johannes da aussieht, in weißem Hemd, ein Holzkettchen um den Hals, mit freundlich-skeptischem Blick!

Im gleichen Sommer hat er mir ein Poster geschenkt mit einem Text, den ich ihm einmal in einem Brief ins Gefängnis abgeschrieben hatte:

> *Deine Kinder sind nicht Deine Kinder, sie sind die Söhne und Töchter der Sehnsucht des Lebens nach sich selbst. Sie kommen durch Dich, aber nicht von Dir, und obwohl sie bei Dir sind, gehören sie Dir nicht. Du kannst ihnen Deine Liebe geben, aber nicht Deine Gedanken, denn sie haben ihre eigenen Gedanken. Du kannst ihrem Körper ein Heim geben, aber nicht ihrer Seele, denn ihre Seele wohnt im Haus von Morgen, das du nicht besuchen kannst, nicht einmal in Deinen Träumen. Du kannst versuchen, ihnen gleich zu sein, aber suche nicht, sie Dir gleich zu machen, denn das Leben geht nicht rückwärts und verweilt nicht beim Gestern…*

Dieser von A.S. Neill in seinem Summerhill-Buch zitierte und daher in den siebziger Jahren recht bekannte Text des arabischen Dichters Kahlil Gibran hatte mir immer gut gefallen. Nun heftete ich ihn mir an den Schlafzimmerschrank und versuchte erneut, ihn mir zu eigen zu machen.

Johannes immatrikulierte sich zum Wintersemester 1979/80 an der Universität Heidelberg in den Fächern Ethnologie, Ur- und Frühgeschichte und Politische Wissenschaften. Ob er dort ernsthaft Vorlesungen oder Seminare besucht hat, weiß ich nicht. Ich bezweifle es eher.

Ein Bescheid des Oberlandesgerichts Stuttgart, daß er rund 40 000 DM zu zahlen habe («Der Angeklagte trägt die Kosten des Verfahrens»), ließ wohl den Wunsch, sich für einen bürgerlichen Beruf auszubilden, gar nicht erst aufkommen. Die Aussicht darauf, diesen Betrag in Monatsraten abzuzahlen, sobald er etwas verdiente, wirkte lähmend. Einige Leute, denen gegenüber ich diese Summe erwähnte, wollten mir nicht glauben. Ich habe aber das Schreiben selbst in den Händen gehabt und gelesen. Hat man noch nie mit einem Strafverfahren zu tun gehabt, macht man sich die Belastung dieser üblichen Doppelbestrafung wohl nicht klar. Doch war sie sicher nicht der einzige Grund für Johannes' anfängliche Ziellosigkeit.

Wahrscheinlich ist er nach seiner Entlassung in der «Sympathisantenszene» ebenso freudig begrüßt worden wie von uns. Und es hätte nicht zu ihm und seinen Hafterfahrungen gepaßt, wenn er sich jetzt von seinen Genossen abgewendet hätte.

Sicher haben wir immer einmal wieder das Zukunftsthema angeschlagen, wenn er gelegentlich bei uns auftauchte. Im ganzen gingen wir aber eher vorsichtig miteinander um. Wir wollten ihm Zeit und die Tür zu uns offen lassen und wußten ja, daß wir in Grundsatzdebatten schon allzuoft aneinander vorbei geredet hatten. Wir befürchteten immer ein wenig einen endgültigen Bruch und wollten vor allem vermeiden, daß dieser, sollte er eines Tages eintreten, des Geldes wegen geschehen würde. Wir wollten uns einfach nicht mehr in alles einmischen, und so erlebten wir meiner Erinnerung nach manchmal recht freundliche Stunden mit ihm. Wir lernten auch seine damalige Freundin Beate kennen, die Schwester eines verurteilten RAF-Terroristen, und fanden sie sympathisch.

In meinem alten Adressenbuch finde ich keine Heidelberger Anschrift von ihm. Er wohnte, glaube ich, nachdem er Auerbach wieder verlassen hatte, mit einem Freund in der Rintheimer Straße in Karlsruhe. Wir sind dort irgendwann einmal gewesen in einem ziemlichen Chaos mit vielen Büchern, Zeitungen und Zeitschriften auf dem Fußboden. Es kann aber auch sein, daß dieser Besuch nach der zweiten Haftzeit, also 1982, stattfand.

Johannes' Aktivitäten galten zunächst wohl hauptsächlich der Aufklärung breiterer Gruppen über die Haftbedingungen der politischen bzw. der RAF-Gefangenen.

Am 6.6.1979 besetzten die ‹Angehörigen von politischen Gefangenen der BRD› das Büro des Roten Kreuzes in Brüssel, um sich über die Haftbedingungen öffentlich bei internationalen humanitären Organisationen Gehör zu verschaffen und sie zur Kontrolle aufzufordern. Es fand dort eine große Pressekonferenz statt, auf der «mehrere Angehörige, ein deutscher Anwalt, ein holländischer Arzt und zwei ehemalige Gefangene» sprachen. Anscheinend war Johannes einer der beiden. Jedenfalls sieht man ihn auf dem Pressefoto vorn rechts am Tisch mit seinen Papieren sitzen, im Profil, ernst und konzentriert.

Unter den Dingen, die Clemens mir später aus Johannes' Wohnung mitbrachte, befand sich eine Tonbandcassette mit dem Mitschnitt einer Rundfunkreportage über die friedliche Besetzung des Badischen Kunstvereins am 4.3.1980 während der Ausstellung ‹Widerstand statt Anpassung›, die dem Widerstand im Faschismus gewidmet war. Dort war am Vormittag eine Gruppe von etwa dreißig jungen Leuten, die sich als Freunde und Verwandte von RAF-Gefangenen bezeichneten, zu einer ‹friedlichen Besetzung› aufgetreten und hatte Transparente aufgehängt und sich im Kellergeschoß zu Diskussionen mit Schulklassen zur Verfügung gestellt. Vernünftigerweise schaltete der Leiter des Kunstvereins nicht die Polizei ein. Auf der Kassette ist Johannes' Stimme zu hören. Ruhig und ganz ohne Fanatismus oder gar Haß macht er auf den Faschismus und die Vernichtung von politischen Gefangenen auch in der Bundesrepublik aufmerksam und trägt folgende Forderungen vor:

*– Zusammenlegung zu interaktiven Gruppen von mindestens 15 politischen Gefangenen*
*– Abschaffung der Hochsicherheitstrakte und Sonderzellen*
*– Aufhebung der Kleingruppen-Isolation*
*– Keine Rückverlegung der Lübecker Frauen in den Hochsicherheitstrakt nach Lübeck*
*– Kontrolle durch die internationale Kommission zum Schutz von politischen Gefangenen und gegen Isolationshaft*
*– Aufhebung des Haftbefehls gegen den (kopfverletzten) Günter Sonnenberg.*

Es sind dann außer dem Reporter einige Schülerinnen zu hören, die kritische Einwände machen, z.B. den Vergleich mit Gefangenen im Dritten Reich insofern verwirrend finden, als diese ja keine Gewalttaten begangen hätten, und andere, die die ‹Besetzung› billigen und die Diskussion als richtig ansehen.

Über diese Aktion wurde auch in mehreren Zeitungen berichtet. Kurzum, Johannes hatte auf friedliche Weise Öffentlichkeit für sein Anliegen hergestellt.

Am 25. Juli 1980 verunglückten Juliane Plambeck und Wolfgang Beer bei einem Autounfall tödlich. Juliane war der ‹Bewegung 2. Juni› zugerechnet worden, 1975 verhaftet, 1976 aus dem Gefängnis Berlin Moabit ausgebrochen und seitdem untergetaucht. Juliane war die Tochter von engen Freunden von uns. Durch ihr Schicksal hatten wir schon vor Johannes' erster Festnahme ganz aus der Nähe die Sorgen und Ängste von Eltern eines rebellischen Kindes in der politischen Szene miterlebt. Ich glaube, Johannes und Juliane

haben sich nicht oder kaum persönlich gekannt. Aber bei ihrer Beerdigung auf dem Friedhof in Karlsruhe-Rüppurr sprang er plötzlich mit einem Genossen hinter einer Hecke hervor zum Grab und warf eine rote Fahne auf den Sarg. Dann waren die beiden blitzschnell wieder verschwunden. An einer Hecke hingen zwei Transparente mit fünfzackigem Stern. Auf dem einen stand: ‹*Wut, Trauer, Aufbruch. Juliane, Wolfgang, wir werden euch nicht vergessen!*›, auf dem andern: ‹*Der Kampf geht weiter! Solidarisch mit der RAF!*›
Wir waren natürlich entsetzt über diese Störung des Abschieds am Grab. Aber Julianes Großvater meinte, die rote Fahne passe ganz gut zu ihr. Und ein mit Plambecks und uns befreundeter, aus Hamburg stammender Professor sagte nachher tröstend zu mir: «Ach wissen Sie, Frau Thimme, so ist das in der Geschichte – und s-päter wird vielleicht eine S-traße nach ihm benannt.»
Es gibt die Manuskripte von zwei Redebeiträgen zu Veranstaltungen am 5.7.80 und 18.9.80 in Johannes' Nachlaß. Ich weiß nicht, ob beide Texte von ihm stammen. Im ersten geht es hauptsächlich um den deutsch-französischen militärischen Zusammenschluß unter dem imperialistischen Druck der USA und den dagegen wachsenden politischen Widerstand in Frankreich, der dort nach deutschem Muster vom Staat bekämpft wird. Im zweiten Beitrag wird zur Entwicklung eines antiimperialistischen Widerstands gegen die Nato und gegen die SPD als Vasall des US-Imperialismus in Europa aufgerufen. In beiden Beiträgen wird auf die internationalen Zusammenhänge (Türkei, Iran, Zaire usw.) Bezug genommen – für mich etwas zu kompliziert, um sie hier wiederzugeben. Der zweite Text richtet sich äußerst scharf gegen die Schmidt-Regierung und könnte von Johannes stammen – wenn er auch uns gegenüber dieses Polit-Kauderwelsch glücklicherweise kaum noch anwendete:

*die raf hat durch ihre angriffe, zuletzt gegen den damali-*

*gen nato-oberbefehlshaber, us-general haig, die grenzen dieses imperialistischen staates durchbrochen und aufgezeigt, dass seine herrschaft ein ende haben wird. wovor herold, schmidt und alle us-marionetten in europa zittern, ist die antiimperialistische front aus metropolen-guerilla und legalem widerstand.*

Vom Inhalt einmal ganz abgesehen – dieser Ton klang mir immer fremd und aufgesetzt bei Johannes. Doch war es die Sprache innerhalb seiner Gruppe: Aus den Befreiungsbewegungen anderer Völker übertragene Ausdrücke, verschwommene Chiffren für Zustände, die es hier in dieser Form nicht gab. Er hatte sich diese Ausdrucksweise für seine politischen Anliegen zu eigen gemacht, erreichte damit aber meiner Meinung nach nur Gleichgesinnte.

Johannes hat mir einmal die ‹texte der RAF› mitgebracht, jenen berüchtigten kleinen roten Band mit den fast sechshundert eng bedruckten Seiten. Ich habe versucht, darin zu lesen. Dann habe ich ihm gesagt: «Ich verstehe einfach die Sprache nicht. Vielleicht lesen wir es mal gemeinsam und du erklärst es mir.» Dazu ist es nicht gekommen. So habe ich lange gebraucht, bis ich begriff, daß mit dem Wort Metropolen-Guerilla die bewaffneten Leute, also die eigentliche RAF, bezeichnet wurden, und das Wort ‹legaler Widerstand› Menschen wie Johannes meinte, die unbewaffnete Aktionen dieser oder jener Art durchführten.

Vielleicht war dieser ausdrückliche Unterschied auch den Fahndern und Richtern nicht klar, die die Leute aus dem «antiimperialistischen Widerstand» stets als Unterstützer oder Mitglieder einer terroristischen Vereinigung bezeichneten.

Johannes lebte in einer andern Welt als wir. Und manchmal war er mir doch ganz nah.

Jürgens und mein Fühlen und Denken hatte einen leicht schizophrenen Zug bekommen. Das galt nicht nur für unser

Verhältnis zu unserem Sohn. Wir waren entsetzt über die Taten der RAF und abgestoßen von ihren Rechtfertigungen, lernten auf der andern Seite aber auch brutale Maßnahmen der Justiz und Polizei, hysterische Hetze in den Medien, unglaubliche Vereinfachungen etlicher Politiker kennen. Und immer sorgten wir uns um Johannes, zeitweilig auch um Clemens. Was machten sie eigentlich?

Und daneben ging unser Leben weiter, mit den Freuden – im November 1980 wurde unser Enkelsohn Till in Bielefeld geboren – und mit dem Alltag: Wir gingen unseren Berufen nach, Jürgen organisierte die international erfolgreiche Ausstellung über die Kunst und Kultur der Sarden, ich unterrichtete meine Gymnasiasten und korrigierte ihre Deutsch-Aufsätze.

Gerade erfrischt von einem Winterspaziergang in der Sonne heimgekehrt, wurden wir am 14. Februar 1981, einem Samstag, um 14.20 Uhr vom Ermittlungrichter K. telefonisch benachrichtigt, daß gegen Johannes soeben Haftbefehl erlassen worden sei. Er war am Tag vorher wegen der Verteilung eines Flugblatts in der Mensa der Universität von einem Studenten angezeigt und später festgenommen worden. Haftbegründung: Werbung für eine terroristische Vereinigung.

## Wieder im Gefängnis

Jürgen (nicht etwa wir als Eltern) bekam die Inhaftierung zwei Tage später mit Schreiben ohne Anrede noch einmal schriftlich mitgeteilt. Hätte Herr K. uns nicht angerufen, wäre es wie für viele andere Eltern die einzige Benachrichtigung gewesen.

Jürgen schrieb am 16./17.2. an Johannes:

*... Aber dann haben wir uns doch gesagt, daß wir unser eigenes Leben zu führen haben und uns dabei nicht zu sehr vom Tun und Lassen und auch vom Leiden unserer Söhne bestimmen lassen dürfen.*

*... Du bist erwachsen. Wir müssen annehmen, daß Du weißt, was Du tust, und daß Du auch bereit bist, dafür die Konsequenzen einzustecken ... beeile ich mich, Dir auch im Namen Deiner Mutter zu versichern, ... daß wir uns mit Dir verbunden fühlen, auch wenn wir Deine politischen Anschauungen nicht teilen können. Wenn es irgendetwas gibt, was wir zur Verbesserung Deiner Lage tun können, wollen wir das gerne übernehmen.*

Am 24. Februar schreibe ich dann an Johannes zu seinem 25. Geburtstag:

*... Seit einer Reihe von Jahren versuche ich täglich mindestens einmal (oft geschieht es auch nachts), mich auf die Menschen, die ich lieb habe, zu konzentrieren. Dann wünsche ich mir für meine Söhne immer, daß sie gesund bleiben und menschlich und daß jeder seinen Weg findet. Dieser Wunsch gilt Dir auch heute für Dein neues Lebensjahr. Jürgen und ich und Deine Brüder werden Dir helfen, so gut*

*wir können, und freuen uns auf ein Wiedersehen mit Dir in Freiheit.*

*Deine Mutter*

Wir rechneten tatsächlich mit seiner baldigen Freilassung, schließlich war er ja nur wegen der Verteilung eines Flugblattes festgenommen worden, keinem allzu schweren Delikt nach unserer Meinung. Ich gebe den Wortlaut des Flugblattes wieder, das uns sein Anwalt später zukommen ließ:

*HUNGERSTREIK*

*seit montag den 2.2.81 sind gefangene aus der raf und weitere gefangene aus dem antiimperialistischen widerstand im hungerstreik. ihre forderungen sind:*

*– zusammenlegung der politischen gefangenen in gruppen*

*– überwachung der haftbedingungen durch eine internationale, unabhängige kommission*

*– anwendung der mindestgarantien der genfer konvention für kriegsgefangene*

*– freilassung von günter sonnenberg (günter ist, trotzdem er aufgrund seiner schussverletzung am kopf haftunfähig ist, seit 4 jahren in isolation)*

*auch eine grosse, noch unbekannte zahl sozialer gefangener in verschiedenen knästen sind im hungerstreik für eigene forderungen. teilweise haben sie sich aus solidarität dem hungerstreik der politischen gefangenen angeschlossen.*

*an den haftbedingungen der politischen gefangenen kann sich hier niemand vorbeidrücken. isolationsfolter, hochsicherheitstrakte, rollkommandos, gehirnwäsche. gegen diese folter, die zum ziel hat, die gefangenen zu brechen, sie letztendlich zu töten, haben die gefangenen jetzt den hungerstreik begonnen. mit der forderung nach zusammenlegung geht es auch darum, die organisation des revolutionären widerstands in den knästen voranzutreiben.*

*den staat anzugreifen, revolutionären widerstand zu entwickeln zusammen mit den gefangenen ist unser ziel.*

*wir wissen, dass wir den kampf gegen diesen staat nicht innerhalb der von ihm gesetzten grenzen der legalität gewinnen können.*
*– ein staat, der als wichtigster komplize des us-imperialismus z.b. verantwortlich ist für den faschistischen putsch in der türkei, für die gefangennahme von tausenden und die folter und den mord an unzähligen genossen. – ein staat, dessen parlamentarische opposition offen und dessen spd-regierung verdeckt den völkermord in el salvador gutheisst und unterstützt.*
*– ein staat, der mit seinem ‹modell deutschland› der bullen, computer, seiner staatschutzjustiz und seinen zielfahndungskommandos ganz europa kontrollieren will.*
*– ein staat, der in den letzten jahren 8 politische gefangene in den knästen ermordet hat und die gefangenen mit wissenschaftlich perfektionierter folter vernichten will.*
*wenn wir den herrschenden auch nur einen milimeter terrain freiwillig lassen für ihre verbrechen gegen andere völker, gegen die menschen hier, gegen unsere gefangenen genossen im knast, ohne unseren widerstand dagegen zu setzen, nehmen wir uns die möglichkeit zu siegen. der knast darf nicht das terrain bleiben, wo die herrschenden alle terrormittel einsetzen können, sonst lassen wir es zu, dass jeder, der hier für revolutionäre veränderung kämpft, dem staat schutzlos ausgeliefert ist, wenn er in seinen knästen sitzt.*
*wir wissen, dass befreiung nur möglich ist, wenn wir die mörderische macht des imperialismus auf allen ebenen zerbrechen. wir werden die offensive, die die gefangenen mit ihrem hungerstreik in den folter- und isolationslöchern des spd-staates begonnen haben, aufgreifen, und den kampf dagegen gemeinsam führen; gegen den versuch antiimperialistischen widerstand durch folter und mord im knast, zu vernichten.*

*denn genau darum geht es jetzt in diesem kampf. darum, die bis jetzt vollständige verfügungsgewalt des staatsschutzes über die gefangenen revolutionäre zu brechen und so einen schritt zu machen zum aufbau der antiimperialistischen front zusammen mit der guerilla. wir wissen, dass wir die bewaffnete initiative als kern proletarischer gegenmacht brauchen um siegen zu können. aus diesem bewusstsein heraus werden wir alles unternehmen, um den schutz derjenigen zu organisieren, die im kampf gegen diesen staat gefangengenommen wurden.*

*– unterstützt die forderungen der gefangenen genossen*
*– solidarität mit der raf*
*– kampf dem staat*
*– die antiimperialistische front aufbauen*

> *‹beendet eure streitigkeiten, schließt euch zusammen, begreift die wirklichkeit eurer situation, versteht, daß der faschismus da ist und die menschen immer noch sterben, die gerettet werden könnten, daß weitere generationen sterben oder halb abgeschlachtet dahinvegitieren werden, wenn ihr nicht handelt. tut, was zu tun ist, entdeckt eure menschlichkeit und liebe in der revolution. schließen wir uns zusammen – unser leben für die menschheit.› george jackson*

Das Flugblatt ist auf der Vorder- und Rückseite mit einem fünfzackigen Stern, dem internationalen Symbol der Linken, versehen, ohne die bei der RAF dazugehörige Maschinenpistole.

Unserer Meinung nach war es völlig ungeeignet, Menschen dazu zu bewegen, sich für bessere Haftbedingungen einzusetzen, weil es den Aufruf dazu mit gänzlich anderen Forderungen verknüpfte. Konnten die Verfasser und die Verteiler glauben, daß das sogenannte Proletariat oder die ‹Scheißliberalen› oder die Stammtischspießer mit diesen Worten erreicht wurden?

Was ging in Johannes' Kopf vor? Wir wußten es nicht und gaben vorerst die Hoffnung auf, es zu verstehen.
Immerhin riefen ein paar Gruppen nochmals zu einer Kundgebung gegen die Haftbedingungen auf, diesmal verbunden mit der Forderung ‹Freilassung von Johannes Thimme!›:
die Unterstützergruppe der Internationalen Kommission zum Schutz der politischen Gefangenen in West-Europa, KBW, Stromboykott-Initiative Karlsruhe, Fachschaftskonferenz PH, Bunte Basisgruppe PH, Schwuler Frühling, Anarchistische Gruppe Karlsruhe, KB.
Ob viele Menschen an jenem Samstag um 11 Uhr zur Hauptpost kamen, weiß ich nicht. Das eng bedruckte Flugblatt habe ich erst später zu sehen bekommen und fand es eher rührend.
Das Wort HUNGERSTREIK ist in meinen Aufzeichnungen nun schon mehrfach vorgekommen. Ich hoffe, daß es sich damit nicht abnutzt, sondern jeder Leser ausreichend Fantasie hat sich vorzustellen, was es bedeutet, wenn ein völlig isolierter Mensch in einem winzigen, abgeschlossenen Raum über Wochen und Monate keinen Bissen mehr zu sich nimmt. Zu einem solchen Mittel greift nur, wer keine andere Möglichkeit mehr sieht, die Isolierung zu durchbrechen, seine Lebensbedingungen zu verändern. Es handelte sich nicht um «Erpressung» des Staates, wie dies in den Medien häufig vereinfacht dargestellt wurde, sondern um den einzigen Weg, Öffentlichkeit zu erzeugen für den Kampf darum, mit Genossen zusammengelegt zu werden, nicht nur um die «Organisation des revolutionären Widerstandes in den Knästen voranzutreiben» – sondern auch, um sich mit den Genossen auseinanderzusetzen. Wie wichtig das war oder gewesen wäre, zeigte sich mir später in Johannes' Reaktionen oder in den Äußerungen von Siegfried Haag und anderen zu der Möglichkeit des Umdenkens und ‹Aussteigens›.
Darüber hinaus wurde die Solidarisierung mit den Hunger-

streikenden aber natürlich auch ständig für die Verbreitung radikaler Thesen benützt, wie das oben abgedruckte Flugblatt zeigt, und von einer Fülle widerrechtlicher Aktionen begleitet. Diese wären jedoch ins Leere gestoßen, hätte es die Isolationshaft nicht gegeben. Eine Eskalation fand statt. Der Staat verfiel in Überreaktionen.

Zum Beispiel fand die Staatsanwaltschaft das von Johannes und Sabine – und von vielen anderen in verschiedenen Städten – verteilte Flugblatt derart gefährlich, daß sein Anwalt es ihm nicht zur Vorbereitung der Verteidigung ins Gefängnis mitbringen durfte. Hatte man Angst, Johannes könne sich selbst daran infizieren?

Auch andere Anordnungen des Ermittlungsrichters blieben uns unverständlich und bestätigten die Berechtigung des Kampfes gegen die Haftbedingungen, die für Johannes erneut festgelegt wurden und von denen ich einige hier zitieren möchte:

> *1. Die Unterbringung des Beschuldigten gemeinsam mit anderen Untersuchungs- oder Strafgefangenen in demselben Raum ist ausgeschlossen.*
>
> *2. Die Tür des Haftraumes des Beschuldigten ist mit einem zusätzlichen Schloß zu versehen.*
>
> *3. Das Fenster des Haftraumes des Beschuldigten ist mit einer Schutzvorrichtung – z.B. Fliegendrahtgitter oder Lochblech – zur Vermeidung unkontrollierter Kontaktaufnahmen zu versehen…*
>
> *5. Die Teilnahme an Veranstaltungen der Justizvollzugsanstalt und am Gottesdienst ist ausgeschlossen. Im übrigen darf der Beschuldigte bei Vorführungen und zum Baden nicht mit anderen Gefangenen zusammengebracht werden.*
>
> *11. Der Beschuldigte, sein Haftraum und die darin befindlichen Sachen sind täglich zu durchsuchen.*
>
> *12. Der Beschuldigte ist bei Tag und Nacht unauffällig zu beobachten.*

*20. Besucher des Beschuldigten sind vor jedem Besuch zu durchsuchen, und zwar durch Abtasten über der Kleidung und Durchsuchung der mitgebrachten Behältnisse.*
*21. Der Beschuldigte ist vor und nach jedem Besuch bei völliger Entkleidung und Umkleidung zu durchsuchen.*
*22. Verteidiger dürfen vor jedem Besuch durch Abtasten der Kleidung und Durchsicht der Behältnisse auch unter Zuhilfenahme eines Metalldetektors auf nicht der Verteidigung dienende Gegenstände durchsucht werden... Schriftstücke oder andere Gegenstände der Verteidigung sind vor der Aushändigung an den Beschuldigten dem zuständigen Richter zur Prüfung vorzulegen ...*

Der Generalsekretär von Amnesty international London wendete sich am 4. Juni '81 in einem Brief an Generalbundesanwalt Kurt Rebmann – unter Hinweis auf einen vorangegangenen Brief vom 13. März 1981 an den Bundesjustizminister und in Kenntnis des indizierten Flugblattes – dagegen, daß:

*die bloße Unterstützung der Forderungen der Gefangenen und des Hungerstreiks als Mittel, sie durchzusetzen, von den Anklagebehörden als «Unterstützung einer kriminellen Vereinigung» behandelt wird... Sie werden unter den gleichen Bedingungen wie mutmaßliche Terroristen behandelt und hohen Sicherheitsmaßnahmen unterworfen, obwohl ihnen keine von ihnen begangene Gewalttaten vorgeworfen werden.* (Übersetzung der Verfasserin)

Kopien auch dieses Appells gingen an die zuständigen Gerichte, und er wurde veröffentlicht. Doch was nützte das schon.

Johannes bat uns bereits am 4.3. um Verständnis, daß wir ihn unter den gegebenen Umständen nicht besuchen und ein Wiedersehen auf einen Zeitpunkt nach seiner Freilassung verschieben sollten:

*...Ich denke, ihr versteht das, weil es sich hier eben um ein*

*absolut politisches Terrain handelt. Ich freue mich, dass ihr mich auf der materiellen Ebene unterstützt und das weiter tun wollt. Besprecht da am besten immer alles einfach mit Clemens.*

Ich antwortete am 27.3.81, daß wir seinen Vorschlag voll akzeptierten und ich dieses Mal die Dinge viel gelassener nähme, und fuhr fort:

*...durch eine weitere Zeit in dieser Art Knast für Dich wird der Staat aber wohl nichts bei Dir und bei andern, die Deine Auffassungen teilen, bewirken. Also ist die Gefangenschaft nur eine Art «Wegsperren» und in meinen Augen sinnlos.*

*Clemens sagte uns, daß Du in Hungerstreik getreten bist, um mit Gefangenen zusammengelegt zu werden, die aus ähnlichem Grund, also ohne Gewalttaten begangen zu haben, verhaftet sind. Ich mache mir zwar Sorgen um Deine Gesundheit und die damit sicher verbundene immer stärker werdende Einseitigkeit und Verbissenheit, aber es bleibt mir nichts übrig, als zu versuchen, Deinen Kampf zu verstehen.*

*Wenn ich mir überlege, für welche Ziele andere Leute sich Gesundheit und Leben ruinieren, so muß ich sagen, daß Deine Entscheidung mir menschlich verständlicher ist. Jedenfalls wäre ich trauriger, wenn einer meiner Söhne sich einen Herzinfarkt holte, um Top-Manager im Waffengeschäft zu werden. Auch Rennfahrer, die sich und andere zu Tode stürzen, um 1/100 Sekunde eher irgendwo anzukommen, verstehe ich nicht. Viele Menschen neigen wohl dazu, sich für unerreichbare oder sinnlose Ziele kaputt zu machen. Man weiß kaum, wo man aufhören soll, wenn man begonnen hat, sie aufzuzählen. Dein Einsatz gilt keinem materiellen Erfolg, gilt keinem persönlichen Ehrgeiz. Wenn ich mich auch nicht mit Deinen Zielen, vor allem nicht mit den Wegen, die Deine Genossen beschritten haben, solida-*

*risieren kann, so akzeptiere ich Dich doch in Deiner Menschlichkeit und in Deiner Integrität.*

Es folgt noch eine Briefseite über die Bücher, die ich ihm vorschlage, ich wünsche ihm viel Kraft und schließe mit dem Zitat «Unsere Kinder sind nicht unsere Kinder…».

Johannes antwortet mit einem langen, konzentriert handgeschriebenen Brief am 8. April 1981 aus der Justizvollzugsanstalt Rastatt. Er befindet sich den 26. Tag im Hungerstreik, und es geht ihm ‹den Umständen entsprechend ganz gut›.

*Anders als 1977 weiß ich diesmal sehr genau, warum ich zu diesem Mittel gegriffen habe, und ich habe mich darauf eingestellt, dass es noch länger gehen wird. Eben genau so lange, bis das Ziel erreicht ist.*

Er geht auf meine Büchervorschläge ein, bittet aber, ihm nur die Bücher zu schicken, die wir abgesprochen haben, und äußert gleich einige Wünsche:

*– F. Fröbel/J. Heinrich/O. Kreye (Hg.): Krisen in der kapitalistischen Weltökonomie, rororo aktuell Nr. 4526; – Luise Rinser: Nordkoreanisches Reisetagebuch, Fischer TB Nr. 4233; – Consuelo Garcia: Die Hand des Herzens, Autoren Edition /Athenäum Verlag und vielleicht was von Garcia Márquez (der musste vor kurzem in Kolumbien um politisches Asyl nachsuchen und ist in ganz Lateinamerika sehr bekannt) und von Trifonow (Jury mit Vornamen, ein kürzl. gestorbener sowjetischer Schriftsteller, von dem ich ‹Zeit der Ungeduld› bereits gelesen habe). Mit dem Buch von Carmen Castello bin ich sehr einverstanden, Clemens sagte, es sei schon unterwegs. «Weekend in Guatemala» klingt interessant. Die andern lass mal vorläufig.*

Und dann kommt eine Briefseite, die ich abschreibe, weil sie einmal einen ganz anderen Zug seines Wesens zeigt:

*Jetzt noch was. Clemens hat mir gesagt, du hättest mir zum Geburtstag ein Paket schicken wollen. Der ist nun vor-*

*bei, jetzt ist bald Ostern und die zweite von drei Möglichkeiten pro Jahr, ein Paket zu schicken.*
*Ich bin jetzt zwar im Hungerstreik, und der geht sicher bis nach Ostern. Da ich mir hier aber angewöhnt habe, langfristig zu denken und eine von zwei Möglichkeiten also ist, dass meine Forderungen erfüllt werden, ich den Streik abbrechen kann und dann – wer weiß wie lange – weiter Gefangener und am Leben sein werde (und auf diese Möglichkeit baue ich ja), bin ich zu folgendem Vorschlag gekommen:*
*Schick mir bitte ein Osterpaket, das aus nicht verderblichen Lebensmitteln besteht. Damit es als solches akzeptiert wird, muss es bis spätestens 30. April hier sein (2 Wochen nach Ostern). Es darf 3000 g schwer sein und soll enthalten: 20 gute Zigarillos (nicht zu schwer, aber auch keine leichten, würzig halt, ohne Mundstück und nicht die kleinen, was besseres halt). Der Rest sollte bestehen, je zur Hälfte aus 1) getrockneten Früchten/Nüssen: Feigen (gibt's gestäubte offen irgendwo auf d.Kaiserstr.), Aprikosen, ein paar Äpfel, kernlose Pflaumen und Datteln (keine Rosinen etc.), geschälte (Gewicht!) gesalzene Pistazien, Walnüsse und Paranüsse (auch geschält, kriegt man nicht auf!), keine Haselnüsse. 2) Schokolade etc: Toblerone, Nuss/Nougat/Mandel/Krokant-Schokolade, etwas Butter-Krokant und Nougat, einige Nuss-Pralinen und -Waffeln. Vielleicht kriegst du auch was von diesem griechischen Zeug, das aus Sesam und Honig besteht. Das ganze sollte so verpackt sein, dass es länger hält (kein Plastik und kein Metall, sonst gehts nicht durch). Das ist alles. Keine Dauerwurst etc. Vielleicht noch etwas hausgemachte Brombeermarmelade, aber nur, wenn's keine Mühe macht. Clemens kann das Paket dann hier abgeben.*
*Naja, ich werde das dann entweder zusammen mit Genossen verspeisen und wir werden dann alle austauschen oder*

*ihr könnt es dann wieder abholen und euch nen Nachmittag mit Tee und Schokolade/was zum Knabbern machen.*
*Schreibmaschine und Radio wird mir bisher immer noch verweigert. Angeblich noch beim LKA. Mal sehen, ob's dann auch noch funktioniert.*
*Sei herzlich gegrüsst und auch umarmt.*
*Johannes*

Johannes war, wie sein Vater und seine Brüder es sind, ein Genießer. Und mögen auch die detailliert beschriebenen Schokoladenmengen etwas erschreckend anmuten – es hatte für mich etwas Tröstliches, daß sich in seinem Kopf neben Gedanken von unerbittlicher ideologischer Härte auch solche an künftige leckere Mahlzeiten bewegten. Es hätte noch gefehlt, daß er sie – wie als Kind – aufgemalt hätte.

Doch blieb er weiter im Hungerstreik und es ging ihm zunehmend schlechter. Er wurde in der fünften Woche, am 15.4., in das Vollzugskrankenhaus Hohenasperg verlegt. In einem Bericht beschreibt er den Transport – auf Umwegen – in Handschellen im Mercedes mit zwei begleitenden Wagen und insgesamt zehn Polizeibeamten, davon mehrere mit MP auf dem Schoß,

*– bei nem gefangenen, der die 5.woche im hs ist, also – selbst wenn die tür nicht verriegelt gewesen wäre und sie keine waffe gehabt hätten – keine 5 meter weit gekommen wäre.*

Auf dem Hohenasperg lagen bereits (natürlich einzeln) Knut Folkerts, Günter Sonnenberg, Siegfried Haag und eine weibliche Gefangene namens Sieglinde. Einen Tag nach Johannes' Ankunft wurde der Tod von Sigurd Debus in Hamburg, der an den Folgen des Hungerstreiks gestorben war, im Radio gemeldet. Johannes wurde von Haag besucht, der gerade von Folkerts und Sonnenberg kam und ihm mitteilte, dass die RAF-Gefangenen den Hungerstreik beendet hätten.

Innenminister Schmude habe wenigstens eine Zusammenlegung in Gruppen zu viert oder fünft angekündigt. Johannes argumentierte, daß sein eigener Streik ja der Zusammenlegung mit andern ‹Internierten› gelte, er mache ihn ja nicht ‹als Typ der RAF› und wisse von den andern Internierten nichts. Als Internierte bezeichneten sich die Leute aus dem ‹legalen antiimperialistischen Widerstand›, von denen sich während des Hungerstreiks rund fünfzig wegen des Sprayens von entsprechenden Parolen, Flugblattdruckens und -verteilens usw. in Haft befanden. Später stellte sich heraus, daß er zu diesem Zeitpunkt überhaupt noch der einzige ‹Internierte› im Streik war. Nachdem ihn Haag überzeugt hatte, daß insgesamt ‹die Luft raus› sei und so ein Interniertenstreik keinen eigenständigen Druck mache, gab Johannes eine Stunde später auf.

In dem gleichen Bericht über den Hohenasperg schreibt er über die dortigen Ärzte:

> *ich hab mich nicht untersuchen lassen, hatte aber auch kein misstrauen: ich wusste, dass keine ze (Zwangsernährung) gelaufen war, hatte den eindruck, dass bestimmte ärzte sich den gefangenen gegenüber wie ärzte verhielten. das lag zum einen sicher daran, dass sie im staatlichen auftrag alles zu tun hatten, sich kooperativ zu verhalten, sowohl was infusionen mit einwilligung der gefangenen während des streikendes anbetraf, als auch sie wieder hochzubringen, nachdem der hs abgebrochen, beendet war. aber es war noch n punkt: ich hab da ne achtung gegenüber den gefangenen mitgekriegt, da hat einer gemeint, die seien bis zum schluss ungebrochen gewesen, angesichts des todes, und er war in dem augenblick fast begeistert oder doch ziemlich beeindruckt von der moralischen integrität und dem kampfeswillen der gefangenen. er hatte ja auch hautnah mitgekriegt, dass es tatsächlich kurz vor dem absoluten ende zumindest eines gefangenen war*

*(u. der arzt war natürlich keiner ‹nach eigener wahl›, vertrauensarzt, sondern funktioniert normalerweise nach den befehlen der gegenseite). klar, dass das keine änderung meiner grundsätzlichen einstellung zu ärzten bedeutet, also zu der frage, sich untersuchen zu lassen, dem apparat daten über mich in die hände zu geben.*

Im allgemeinen wurden Anstaltsärzte von den Gefangenen grundsätzlich als mit dem Staat kooperierend abgelehnt. Einige haben auch sicher in andern Gefängnissen eine zweifelhafte Rolle gespielt, etwa bei der Zwangsernährung von zu diesem Zweck angeschnallten Hungerstreikenden. Gut, daß Johannes auf dem Hohenasperg andere Mediziner kennenlernte und dies auch ausdrücklich erwähnt.

Wir waren natürlich äußerst erleichtert, als wir erfuhren, daß der Streik zu Ende war, und haben Johannes ein paar Tage später auf dem Hohenasperg besucht. Er machte einen gefaßten, fast heiteren Eindruck. Er hatte sich selbst – und versuchte, auch uns dies zu erklären – in diesem Streik bewiesen, daß er nicht symbolisch, demonstrativ für die RAF, sondern autonom für die Zusammenlegung der ‹Internierten› kämpfte.

In diesem unverkrampften Gespräch sagte ich ihm wohl auch, daß ich seine politischen Beweggründe im Ansatz zum Teil verstünde, aber zu alt sei, um zu rebellieren oder etwas Reales gegen all das Unrecht und den Unsinn in der Welt zu unternehmen. Jedenfalls habe ich seine Antwort noch im Ohr: «Aber Mutter, du bist doch noch nicht alt.»

Das hat etwas in mir angerührt.

Anfang Mai wurde er wieder nach Rastatt verlegt. Den Transport schildert er seinem Freund Dag in einem Brief vom 5.5.:

*Es war wieder der gleiche konvoi. was ich bei der hinfahrt allerdings noch als raffinesse dieser parfümierten spezialisten einschätzte, hat sich bei der rückfahrt als jämmerli-*

*ches beispiel völliger unkenntnis des terrains entpuppt. zuerst sind sie bei der autobahnausfahrt heilbronn in richtung stuttgart gefahren, wobei sie beinahe noch nen unfall gebaut hätten. und in rastatt haben sie dann ne halbe stunde lang den knast nicht gefunden! derartige verlegungen/fahrten sind ja immer ne abwechslung, man sieht was von der landschaft, und eigentlich handelt es sich um n nicht berichtenswertes harmloses vergnügen. der punkt war aber, dass ich dermassen dringend pissen musste, dass ich die stadtrundfahrt durch rastatt überhaupt nicht geniessen konnte + in nen ziemlichen streit mit ihnen geriet, nachdem wir zum dritten mal an der stadtkirche vorbeifuhren. und jetzt kommts, ich schäme mich, es zu schreiben + hoffe, die revolution wirds mir verzeihen: ich habe ihnen selbst den weg gewiesen in dieses loch!! sonst würden wir jetzt wahrscheinlich immer noch kreisen. nachdem ich ihnen gesagt hab, ich würd ihnen jetzt in ihr auto schiffen, wenn sie mich nicht aufs klo lassen, hat mich der chef dieser spezialeinheit um topographische orientierungshilfe gebeten + ich geb zu, dass es n fauler deal war. als wir dann hier ankamen, bin ich im sturmschritt voraus, hinter mir her, meine schreibmaschine tragend, der chef, und im gänsemarsch hinterhergetrottet: der rest der crew. der type an der pforte hab ich dann gesagt, dass ich unbedingt aufs klo muss, worauf sie mich – kultivierte geste eines vom humanismus geprägten mannes! – gleich auf die zelle liess. die spezialeinheit, bzw. ihr führer hatten nicht genug zeit zu überlegen, was sie jetzt tun sollen, und da er sich fürs hinterhertrotten entschied, drängelte sich plötzlich die ganze mannschaft – die im gegensatz zum schreibmaschinenträger nicht mal formal n vorwand hatte – im fahrstuhl. ich hab sie dann noch gefragt, ob sie jetzt vielleicht noch ne zelleninspektion vorhätten, sie sind dann aber irritiert glotzend abgedreht.*

*... der typ, der vor mir sass, hatte ne mp auf den knien + der chef hatte mir gedroht, dass sie mich bei fluchtversuch abknallen würden.*

Diesen Brief habe ich erst jetzt, im Februar 2003, gelesen und bereue nun nicht, daß ich eine umfangreiche Mappe mit Briefen von Johannes aus der zweiten Haftzeit an seine Freunde geöffnet habe. Die Mappe hat mir Clemens 1985 nach der Auflösung von Johannes' Wohnung gebracht. Es handelt sich um die Durchschläge von über 150 eng – ohne Zeilenabstand – beschriebenen Seiten an sieben Genossinnen und acht Genossen, von denen einige sich in Haft und einige draußen befanden. Da sich wegen der Kontrollen Briefe oft verzögerten oder kreuzten oder überhaupt nicht ankamen, hatte Johannes sich zur besseren Übersicht angewöhnt, von den eigenen nummerierte Kopien anzufertigen.

Zunächst hatte ich nicht vor, diese Briefe in meine Aufzeichnungen einzubeziehen. Zum einen sind sie ja erst nach Johannes' Tod und durch Zufall in meine Hände gelangt, ich konnte nicht wissen, ob er sie mir gezeigt hätte. Und ich schreibe ja aus meiner Perspektive als Mutter und frage bewußt nicht Fremde nach der ihren. Zum anderen befürchtete ich, daß auch die Briefe der Genossen in dem Ordner enthalten seien – und die Wiedergabe ihrer Meinungen zum politischen Zeitgeschehen hätte den Rahmen meiner Intentionen völlig gesprengt. Es handelt sich aber nur um seine eigenen Briefe und ich habe dann doch angefangen, sie zu überfliegen, weil der erste an Dag gerichtet war, den ich kannte, denn Johannes hatte mit ihm in der Rintheimer Straße zusammen gewohnt, ihn auch mal an einem Heiligabend mit nach Ettlingen gebracht.

Der Inhalt von Johannes' Briefen ist natürlich meistens nicht so lustig wie die oben wiedergegebene Schilderung des Transportes nach Rastatt. Wichtige Themen sind unter anderm die Begründung für die Ablehnung des «Normalvollzuges». Johannes hielt es für inkonsequent, in den ‹NV› einzuwilligen, weil man damit die Forderung nach Zusammenlegung unglaubwürdig mache. Dazu kam, daß der sogenannte NV je nach Anstalt nur mit Kurzzeithäftlingen geschah, also daß dabei keine menschlichen Beziehungen aufgebaut werden konnten, oder aber mit Leuten, in denen man Spitzel vermuten durfte. In einer Haftanstalt wurde sogar ein Rechtsradikaler mit einem Linkradikalen zusammengelegt. Eine Zeitlang war es bei Johannes unter anderem so gewesen, daß sich nicht nur er, sondern auch die andern Häftlinge nach gemeinsamer Freizeit umkleiden mußten, was diese natürlich von sich wiesen. Die Zumutung, im ‹Normalvollzug› allein auf der Zelle Wäscheklammern zusammenzubauen, wurde an Johannes mehrmals gestellt.

In der Diskussion mit seinen Genossen ging es aber, soviel ich sehe, mehr um das Grundsätzliche der Ablehnung, eben die Inkonsequenz in bezug auf die Forderung nach Zusammenlegung der politischen Gefangenen.

Interessant finde ich auch die Überlegungen, die Johannes mit einem Freund draußen anstellt, daß die in den Medien übliche Formulierung ‹RAF-Sympathisanten› nicht ihren Status beschreibt. Ob man nicht einfach «Anarcho-Kommunist» oder «unbewaffneter Antiimperialist» sagen solle (20.3.81):

> *... die Entwicklung '77 hat ja dann erst die Notwendigkeit eines autonomen unbewaffneten antiimperialistischen Widerstands, der auch in die Breite zielt + schließlich Bewegung wird, zur Folge gehabt. Dazu mal n paar Gedankenfetzen, die mir gerade durch den Kopf gehen, die aber schon deshalb unvollständig sind, weil sie sich hauptsächlich mit negativen Punkten befassen, die mir jetzt nochmal aufgefallen sind. Ich denk du hast recht, dass dieses Oszillieren zwischen Euphorie und Resignation da n Problem ist. Oder anders: dieser abrupte Wechsel zwischen un-*

*glaublicher Selbstüberschätzung und z. Teil nicht mehr durchblicken. Eine Ursache dadrin ist sicher immer noch die Mystifizierung der Guerilla. Also z.B. dieser Widerspruch wenn in der Zeitung steht, der Boock hat das Handtuch geworfen, dann kann das einfach nicht sein + es wird sofort in die Schublade Counterpropaganda getan. Das wär ja noch nicht das Problem, bizarr wird's erst, wenn dieser Typ dann tatsächlich seinen Dreck ablässt, dann wird ganz bruchlos so getan, als sei er schon als Staatsschützer auf die Welt gekommen. Ich schreib das nicht, weil ich denk, das sei jetzt n Problem von dir, sondern weil dieser Dualismus dazu beigetragen hat, uns die Möglichkeit zu nehmen, die Entwicklung (auch unsere eigene) klar zu sehen und das dann sicher auch n Grund war, dass wir oft nicht wussten, ob wir jetzt n Schritt vorwärts gemacht hatten oder nicht. Knut hat dazu ja ganz einfach gesagt, diese Mystifizierung sei ne Methode, sich aus'm Kampf rauszuhalten.*

*Es nützt uns aber nix, das zu übernehmen, weil sich allein davon nix ändert.*

Ähnliche Gedanken über die Abgrenzung zur RAF kommen in einem Brief vom 15.3.an einen Mann namens Sam zum Ausdruck:

*Wenn man erst n Jesus Christus mit Knarre sein muss, um was zu machen, das kann man nicht von jedem verlangen. Schliesslich sind wir normale Menschen! Der zweite Punkt ist, dass man bei ner Mystifizierung der Guerilla nicht zu ner eigenen Praxis kommt. Und wenn wir die nicht selbstständig / autonom entwickeln, bleibt die Front ne Fiktion … Ich bin da auch erst nach einigem Grübeln + nachdem ich noch mal die letzten Jahre + meine erste Knastzeit reflektiert hab, draufgekommen.*

Und an Sabine schreibt Johannes am 28.4., vom Hohenasperg, im Rückblick auf beider Haftzeit 1977/79:

*ich weiss noch: das zentrale problem damals war die schwierigkeit, zu bestimmen, wer wir eigentlich sind, internierte, ja, aber das war dann auch nur erst mal der begriff und damit blieb der ganze dualismus – hier die fighter der raf, dort diejenigen, die sich nicht entscheiden können, die dann entweder so konsequent + ehrlich sind, zu sagen, sie haben mit dem kampf, seiner härte nichts am hut, oder die sich durch-lavieren, unbewusst, sich nicht entscheiden. dazwischen gabs natürlich viele auf + abs, denn wir waren natürlich politische gefangene.*

*... mir gings streckenweise so, dass ich das gefühl hatte, ich habe überhaupt keine emotionen mehr, sei völlig abgestumpft in der iso (Isolationshaft), lethargisch und unbewusst. also das ziemlich schreckliche gefühl: du kannst dich über nix freuen, kannst nix hassen, vegetierst da so rum.*

*n wesentlicher grund von dem ganzen war auch, dass es draussen keine genoss-inn-en gab, mit denen man gemeinsame erfahrungn hatte, von daher kam keine stärke. und jetzt? es gibt die gemeinsamen erfahrungen, auf die man sich beziehen kann, es sind fassbare, konkrete erfahrungen, diskussionen, und sie haben einen politischen hintergrund, die ansätze/anfänge einer antiimperialistischen bewegung. wir haben ne politische geschichte.*

Mir scheinen die hier wiedergegebenen Briefstellen eindeutig zu sagen: Johannes und seine Freunde fühlten sich nicht der «Guerilla», also den bewaffneten Kämpfern, zugehörig, und er konnte infolgedessen mit dem Flugblatt auch keine «Werbung für eine terroristische Vereinigung», die RAF, der er selbst nicht angehörte, im Sinn gehabt haben. Schade, daß trotz ständiger Zensur aller Post den Richtern das nicht aufgefallen ist. Und noch etwas wird mir beim Lesen klar: Das zunächst aufgesetzt erscheinende Wort ‹antiimperialistischer Widerstand› beginnt sich mit Sinn zu füllen, je länger die Leute eingesperrt und je repressiver die Haftbedingungen waren.

Auf einer Postkarte schreibt er nach seiner Rückverlegung nach Rastatt am 6. Mai 81:

*liebe mutter,*
*wollte dir nur schnell für das paket danken. kam heute. spitze, echt gut. ich sitze hier gerade zigarillo schmauchend und schreib n paar briefchen. dass ich wieder in rastatt bin, wirst du inzwischen wissen ... ich hab dir mal gesagt, dass ich nicht mit dem kopf durch die wand renne u. so ist kein grund zur verzweiflung, den gibts eh nie. alles zu seiner zeit, die dialektik der geschichte spricht für uns u. ich bin zuversichtlich, auch was die konkrete zukunft angeht. bereite mich – mit unterbrechungen – gerade auf die veranstaltung vor. termin noch nicht abzusehen ... jetzt ist die karte gleich so voll wie mein bauch, herzlichen gruss, umarmung/ grüss auch den vadder u. den Christian, wenn er mal wieder anruft.*

In meinem nächsten Brief, vom 15. Mai, schrieb ich über die verschiedenen Möglichkeiten für mich selbst, die ich mir überlegt hätte, etwas Handfestes zu tun, anstatt in Depressionen zu versinken. Auch die Arbeit fürs Frauenhaus Karlsruhe, die ich später vierzehn Jahre lang gemacht habe, kommt dabei schon vor.

*Langsam taste ich mich in diesem Gespräch mit Dir in die Richtung, in der ich arbeiten könnte: nur «vor Ort», direkt, da, wo ich gesehen habe, wovon ich spreche. Aber welches Gebiet könnte das werden? Ich muß dabei ja meine eigenen Bedingungen (negativ: Körper- und Nervenkraft, dünne Haut; positiv vielleicht: Fähigkeit zu formulieren, gewisser praktischer Sinn) einbringen können ... Du sprachst neulich auch von Amnesty. Daß ich es damals nicht gemacht habe, geschah nicht nur aus Laschheit. Ich sah das so: Geld geben, scheint mir zu sehr Alibi-Form. Aber um mich in einem türkischen Gefängnis nach einem Inhaftierten zu erkundigen, dafür fehlen mir alle Voraussetzungen... Das soll mich aber nicht abhalten, mehr zu tun und mich mehr zu informieren. Vom 22.-24. Mai findet in Rastatt eine Tagung der Gustav-Heinemann-Initiative: «Frieden retten – Frieden stiften» statt. Da sind Gollwitzer und Eppler und solche Leute. Da wollen wir uns mal anmelden. Christof hat gerade die Unterlagen geschickt... Ich freue mich, daß du auch vom Knast aus bei mir wieder etwas in Bewegung gebracht hast.*

Das war wirklich der Fall. Ich engagierte mich über längere Zeit in der Friedensbewegung, schilderte ihm übrigens bereits einen Monat später ausführlich die erste große Friedensdemonstration auf dem Kirchentag im Juni '81 in Hamburg. Es ging damals um die Stationierung nuklearer amerikanischer Mittelstreckenraketen durch die USA – Pershing II und Cruse Missiles – gegen die Sowjetunion in Westeuropa, hauptsächlich in Deutschland. Diese Aufstellung bedeutete eine unmittelbare Bedrohung der deutschen Bevölkerung, da sie im Ernstfall wahrscheinlich erstes Ziel eines Gegenschlages geworden wäre.

Um dies zu erkennen und darüber aufzuklären und dagegen zu protestieren, bedurfte es keineswegs eines solchen Hasses auf den US-Imperialismus und die SPD-Regierung unter Helmut Schmidt, wie Johannes ihn bald nach unserm Gespräch in seinen beiden Prozeßerklärungen zu erkennen gab. Der Prozeß gegen ihn und Sabine fand vom 10. bis 16. Juni 1981 in Stammheim statt.

Seine Erklärungen enthalten zwar einen ernst zu nehmenden Kern, nämlich den Hinweis auf die massive Unterdrükkung aller revolutionären Ansätze in den verschiedensten Ländern der Welt durch die USA, doch erschienen sie mir schon damals und erscheinen mir noch heute als in der aggressiven Diktion völlig verfehlt, viel zu weitschweifig und übertrieben, und vor allem: Johannes' eigene Position im unbewaffneten antiimperialistischen Widerstand kommt zu wenig klar heraus.

Doch war das letzten Endes für den Prozeßausgang wohl nicht entscheidend. Sabine wurde von dem französischen Anwalt Maitre Vergès klarer und effektvoller vertreten – er sah in dem angeblichen Delikt des Flugblattverteilens «freie Meinungsäußerung» – sie erhielt aber das gleiche Strafmaß: 18 Monate wegen Werbung für eine terroristische Vereinigung. Der 5. Strafsenat des Oberlandesgerichts Stuttgart unter Vorsitz von Richter K. ging damit noch ein halbes Jahr über das vom Staatsanwalt geforderte Strafmaß hinaus. Die «empfindlichen Freiheitsstrafen» hätten auch die Aufgabe zu zeigen, «wie der Staat reagieren muß, der sich nicht selbst aufgeben will».

Man kann nicht sagen, daß ein Aufschrei durch die Presse ging, doch wurde das Urteil von den wichtigeren Zeitungen wahrgenommen und von einigen Journalisten kritisiert, so spricht DER SPIEGEL (22. Juni '81) von einem «Urteil von grotesker Härte ... Das Strafmaß für die Flugblattverteiler erscheint hanebüchen». Und Kuno Kruse in der taz berichtet über den Prozeß unter der Überschrift: «Stammheimer Landrecht – Als wenn in Karlsruhe an der Uni Maschinenpistolen verteilt worden wären».

Schon im April/Mai hatte es eine Kontroverse zwischen dem Bundesverfassungsrichter Martin Hirsch und dem Ermittlungsrichter am OLG Stuttgart, Kuhn, gegeben, über die u.a. die Süddeutsche Zeitung berichtete. Hirsch warf Kuhn vor, er habe während des Hungerstreiks durch seine überzogene Haftpraxis gegen den Verfassungsgrundsatz der Verhältnismäßigkeit der Mittel verstoßen und «mit Kanonen auf Spatzen» geschossen.

Und am 21. Mai hatte sich Rainer Klose in der Süddeutschen Zeitung Gedanken über die Ausdehnung des Paragraphen

129a gemacht unter der Überschrift «Wenn schon Demonstrieren als Anwerbung gilt», und dazu kritische Fachjuristen wie Dahs und Rudolphi zitiert.
Die FAZ hingegen wußte bereits am 6. Juni, also vor Beginn des Prozesses, daß die «schon in früheren Terroristenprozessen Verurteilten ... offen für die terroristische Vereinigung Rote Armee Fraktion geworben» haben.
Martin Seufert schien mir in seinem Dreispalter im STERN (2. Juli '81) die drohenden Konsequenzen solcher Urteile recht gut zu treffen unter der Überschrift: «Wie man Terroristen macht».
Auch eine weniger verbreitete Zeitung wie das damals in Karlsruhe erscheinende Kulturmagazin KIK schrieb ausführlich und äußerst kritisch (Nr.29, Juli '81) und machte zum Vergleich auf den seit über fünf Jahren sich hinziehenden Prozeß gegen die SS-Massenmörder vom Konzentrationslager Majdanek aufmerksam (die später recht milde Strafen erhielten). Auch wies das Magazin auf die meist ungeschoren bleibenden Rechtsextremisten hin:

> *Nach wie vor verteilen Neo-Nazis ihre rassen- und kriegshetzenden Schriften vor Schulen, ohne belangt zu werden, konnte Hoffmann und seine Wehrsportgruppe jahrelang Waffen und schweres Gerät bis hin zu Schützenpanzern horten, ohne ernstliche Schwierigkeiten zu bekommen.*
> *Bücher und Schallplatten, die die SS verherrlichen, folglich auch für sie werben, dürfen in Buchhandlungen angeboten und verkauft werden.*

Über diese Rechtsextremisten wurde sogar ein Film im Fernsehen gezeigt. Ich erinnere mich, daß ich meinen Augen und Ohren nicht trauen wollte, als so ein Bursche mit Hitlerfrisur beim Flugblattverteilen interviewt wurde.
Johannes äußert sich (am 1.7.81) nur knapp zu seinem Gerichtsurteil:

> *im übrigen gehe ich nicht davon aus, dass ihr gewollt hät-*

*tet, dass ich auf meine eigene politische geschichte spucke, – das aber wäre die vorausetzung gewesen, das strafmass zu beeinflussen.*

Das Deprimierende war, daß die Zusagen während des Hungerstreiks über eine Verbesserung der Haftbedingungen nicht eingehalten wurden – von wenigen Ausnahmen durch Zusammenlegung von Kleinstgruppen abgesehen. Johannes selbst blieb vorerst in Stammheim und hatte mit Arndt M., einem der von der RAF-Verteidigung ausgeschlossenen Anwälte, Hofgang. Soviel ich meinen Unterlagen entnehmen kann, wurden von der Anstaltsleitung immer wieder Scheinangebote eines Normalsvollzugs gemacht, zum Beispiel Hofgang (auf dem eingegittertem Dach) mit nicht-politischen Häftlingen, für den sich Johannes und M. aber vorher und nachher nackt ausziehen und die Kleidung wechseln mußten. Auch bekamen sie keinen Kontakt mit einem ebenfalls in Stammheim inhaftierten ‹Siegfried›. Ich nehme an, daß es sich um Haag handelte. (An diese Beschränkung auf Vornamen, auch in «offiziellen» Verlautbarungen der Gefangenen wie den Prozeßerklärungen oder in den Flugblättern konnte ich mich übrigens nie gewöhnen. Sie war mir zu intim, schien sie doch vorauszusetzen, daß auch der Hörer oder Leser auf dieser Anredestufe mit den Betreffenden stand).

Zwischen Johannes und Arndt M. hat sich eine Freundschaft entwickelt, von der wechselseitig geistige Anregungen ausgingen. Mehrmals bat mich Johannes, an Arndt das gleiche Buch zu schicken wie an ihn. Am 24.11. heißt es dann aber:

*Arndt wurde heute nach ludwigsburg verlegt. (schwäbische logik: das nur durch die zusammenlegung zu lösende problem versucht man offenbar durch die zersplitterung der gefangenen + verlegung in provinzknäste zu «lösen». wenn es um psychologie ginge, müsste man das verdrängung nennen.)*

Johannes stand mit Arndt weiterhin sowohl über alle relevanten politischen Ereignisse in Briefwechsel wie auch über Literatur. Ein Jahr später schreibt er ihm zum Beispiel mehrere Seiten aus einer Korrespondenz zwischen Lenin und Inès Armand ab und macht ihn auf Literatur unter anderem zur Geschichte der SPD aufmerksam. Meist schreibt er 1982 dann aber an ‹Arndt, Bert und Siegfried› gemeinsam, die wohl in der gleichen Vollzugsanstalt miteinander Umschluß hatten. Doch findet auch gesondert mit jenem Bert eine heftige briefliche Diskussion statt. Selbst beim flüchtigen Lesen der Briefe wird einmal mehr klar, wie wichtig die Kommunikation und die geistige und politische Auseinandersetzung für die Gefangenen untereinander waren. Sie konnte weder durch einen Briefwechsel mit Angehörigen noch durch gelegentliche Besuche ersetzt werden.

Um so mehr staune ich manchmal, wie zielbewußt Johannes an seine einsame Arbeit heranging und uns daran teilnehmen lassen wollte. So schreibt er am 11.8.81, nachdem er das schriftliche Urteil erhalten hat, daß er sich kaum Hoffnung auf das Ergebnis eines Revisionsantrags machte:

> *...weil man die strukturen im justizapparat kennt. da halte ich mir lieber den kopf frei von sowas und plane bis zum august 82 meine studien. ich bin äusserst wissbegierig und als nächstes projekt habe ich mir die auseinandersetzungen innerhalb der sozialistischen internationale vor und während des ersten weltkrieges vorgenommen. die spd hat ja schon damals für die kriegspolitik gestimmt und es gibt da überhaupt einige interessante parallelen und möglicherweise auch antworten auf heutige fragen...habe gerade ein buch von scholochow gelesen: geschichten vom don. dessen erzählungen und romane spielen in der zeit von 1917 bis 1921 im don-gebiet, behandeln also die bürgerkriege (so muss man schon sagen) zwischen der roten armee und den kosaken-banden, die gegen die neue zeit und die neuen produktionsverhältnise kämpften. ziemlich*

*bluträunstig und dramatisch das ganze, meistens ging der widerspruch quer durch die familien und endete damit, dass der bruder den bruder, der vater den sohn usw. erschlug. also die soziale auseinandersetzung im familiären kontext abgebildet, ohne aber den sozialen + geschichtlichen kontext zu verlassen. es ging scholochow da eben um die beschreibung der schwierigkeiten bei der errichtung der proletarischen macht. ich lese auch hauptsächlich autobiographisches oder historische romane (zu beidem kann man übrigens peter weiss rechnen). sehr gut weil aufschlussreich sind die aufzeichnungen von a.kollontai: ich habe viele leben gelebt, pahl-rugenstein verlag. hat mit dem oben erwähnten thema zu tun und ist für mich insofern interessant. sie beschreibt übrigens auch ihre auseinandersetzungen mit dem feminismus, hat auch sonst viele frauenpolitische sachen geschrieben und auch romane. das buch behandelt hauptsächlich ihre kindheit und politisierung und die zeit vor und nach der oktoberrevolution …*

Die Autobiographie von Alexandra Kollontai besorgte ich mir nach dieser Anregung und war davon beeindruckt, auch lernte ich bei der Lektüre einiges über die historische Rolle der SPD. «Die Ästhetik des Widerstands» von Peter Weiss, auf die Johannes hier und auch sonst mehrmals in unserm und im Briefwechsel mit Genossen zurückkommt, habe ich nur zum Teil gelesen, ehe ich ihm das Buch schickte. Er schrieb in seinem Brief vom 19.11. für Jürgen mehrere Seiten daraus ab, wo es um Picassos Minotauromachie geht, und machte ihn auf die Stellen über Guernica und in anderm Zusammenhang auf den Pergamonfries aufmerksam. Auch bat er Jürgen um eine kurze Beschreibung der Staatsidee von Lykurg, die in Luise Rinsers ‹Nordkoreanischem Reisetagebuch› erwähnt wird.

Dem gleichen Brief fügt er eine Geschichte von Lucien Jean (1870–1908) bei, über die er mit Jürgen beim Besuch gesprochen und die er nun abgeschrieben hat. Die Geschichte hat Antonio Gramsci (1891–1937), Mitbegründer der Kommunistischen Partei Italiens, 1926 verhaftet und zu 20 Jahren Gefängnis verurteilt, seiner Frau brieflich nacherzählt, nachdem er bereits sechs Jahre in Haft war. Sie handelt von einem Mann, der nach einer durchzechten Nacht in einen Graben gefallen ist und von Schneckenschleim überzogen und mit einer Kröte auf der Brust am Morgen nacheinander von vier Vorübergehenden Hilfe erhofft, die diese mit unterschiedlichen belehrenden Ausreden verweigern. Die Geschichte endet:

*«auf diese weise blieb der mann im graben, bis er sich schliesslich umsah, genau feststellte, wohin er gefallen war, sich befreite, sich aufbäumte, sich mit den armen und beinen hochstemmte, sich auf die beine stellte und mit eigener kraft aus dem graben stieg…*
*man muss die ganze vergangenheit verbrennen und sich ein neues leben aufbauen. man darf sich nicht vom bisherigen leben erdrücken lassen, oder man darf nur das bewahren, was aufbauend und schön war. man muss aus dem graben herauskommen und die kröte vom herzen wegwerfen.»*

Als Johannes uns diese Geschichte schickte, hatte er selbst insgesamt bereits 31 Monate in deutschen Haftanstalten verbracht. Neun Monate lagen noch vor ihm.

Im gleichen, in seiner Vielfalt und Lebendigkeit erstaunlichen Brief schickt er einen ebenfalls für uns abgetippten Text mit aus der Zeitung «die neue», eine Protesterklärung von Befreiungsbewegungen der Dritten Welt unter der Überschrift SOLIDARISCH MIT DEN BRÜDERN DER PLO. Darin geht es um folgendes: Der Vertreter des African National Congress (ANC) – ihr Führer Nelson Mandela befand sich damals noch in Haft – sollte seine Ansprache im Namen seiner eigenen, also der Anti-Apartheids-, und anderer Freiheitsbewegungen auf der Bonner Friedendemonstration nicht halten dürfen wegen folgender Passage:

*«Ohne die Errichtung eines unabhängigen palästinensischen Staates unter Führung der einzig legitimen Vertretung des palästinensischen Volkes, der PLO, wird es in dieser Region keinen Frieden geben.»*

Der ANC-Sprecher sollte das Palästina-Problem nicht erwähnen. Dies lehnte er ab und erfuhr dabei Unterstützung durch die Vertreter aus El Salvador, Namibia, Chile und Palästina.

Johannes schreibt dazu:

*ich denke, es ist wichtig sich klar zu machen, dass die friedensbewegung ohne internationalistische perspektive nicht nur nicht integriert wird, sondern letztlich auch in einem ‹alternativen› nationalismus steckenbleibt, wie er schon jetzt von einigen kräftig ventiliert wird. bei manchen wird man den eindruck nicht los, dass sie nicht so sehr die gefahr eines atomaren angriffskriegs der usa bedrückt, sondern einzig und allein die tatsache, dass sie sein erstes opfer sein werden. das kann wie gesagt der ausgangspunkt sein, um nachzudenken und in bewegung zu kommen, wenn es dabei aber bleibt, ist es doch recht egoistisch und wird als widerstand keine durchsetzungsfähigkeit haben.*

Ich antwortete ihm nach einigem Nachdenken am 8.12.:

*Mir ist selbstverständlich klar, daß die geplante atomare Nachrüstung in Europa einen weltweiten Zusammenhang hat. Aber unsere Adresse ist unsere Regierung, und an die konnen wir nur mit Argumenten appellieren, die unser Volk betreffen, und glücklicherweise tun das auch etliche unserer europäischen Nachbarn an ihre Regierungen (u.a. letzten Samstag selbst in der Schweiz und Dänemark. Vor einem Jahr unvorstellbar!). Wir können auch eine breite Öffentlichkeit hier nur dann wach machen, wenn wir über die Gefahren informieren, die ihr speziell drohen. Es ist nun einmal so, daß die meisten Menschen ich-bezogen oder in einem kleinen oder auch größeren Kreis wir-bezogen denken.*

*... Das ergibt sich bei den meisten Menschen ja schon durch die Unmöglichkeit, sich über die Probleme der Völker der ganzen Welt ausreichend zu informieren. Wie schwer ist es schon für unsereinen, für die eigenen politischen Anliegen ausreichende Fakten zusammenzutragen. Der Großteil der schwer arbeitenden Bevölkerung innerhalb der westeuropäischen Industriegesellschaften hat, in seiner Freizeit durch Werbung und Medien zerstreut und betäubt, daran zunächst einmal gar kein Interesse. Darüber darf man sich nichts vormachen. Erst das Bewußtwerden einer Gefahr, einer sie selbst angehenden Bedrohung, wird manche Menschen interessierter und wacher machen. In dieser Richtung möchte ich tätig sein ... Der Friedenappell in Bonn hätte für die Leute dort, für die zu gewinnenden andern und für die Adressaten an Klarheit verloren, wäre er mit dem Kampf anderer Völker, deren Verhältnisse hier nur die wenigsten beurteilen können, vermischt worden. Man kann nicht den hundertsten Schritt vor dem ersten tun.*

*Sehr habe ich mich gefreut, daß Du die schöne Parabel vom «Mann im Graben» für uns abgeschrieben hast. Ich werde sie noch oft lesen. Auch andere Lektüre, die durch Dich angeregt wurde, ist mir sehr wichtig. Das Buch von Julius Fucik hat mich in seinen Fakten und in seiner Menschlichkeit erschüttert. In Wera Figners Lebensbeschreibung habe ich gelesen, ehe ich je ein Exemplar an Arndt M. und Dich schickte. Ich habe mir das Buch jetzt geliehen und werde es ganz lesen. Christian schenkte mir «Die Mutter» von Gorki. Ein großes Buch. Ich weiß nicht, ob ich das vor zwanzig Jahren so erkannt hätte ... Wir haben vor und nach Christians Besuch bei Dir ausführlich hier mit ihm gespro-*

*chen. Es ist doch gut, daß Deine Brüder so zu Dir halten, nicht?...*

*In Gedanken umarme ich Dich herzlich und sehe Dein gutes klares Gesicht vor mir. Behalte eine klaren Kopf und «laß Dich nicht verbittern, in dieser bittren Zeit!»*

*Deine Mutter Ulrike*

Im Dezember wurde Johannes nach Pforzheim verlegt. Dort herrschten neue Bedingungen. Er war nun nicht mehr U-Häftling. Am 6. Januar bedankt er sich für das Weihnachtspaket:

*Ich wollte dir eigentlich ne schöne karte schicken. und zwar hatte ich da ne mir von nem freund geschickte wiederverwendet, wobei ich u.a. auch papier geklebt hab, um ne glatte oberfläche zu kriegen. das wurde beanstandet, offenbar verdächtigt man mich, ich könnte mit dir konspirieren ... nun noch folgendes, kannst du mir kontinuierlich briefmarken/postkarten schicken? es ist nämlich so, da ich nicht arbeite (mir wurde gesagt, ich ‹muss› entweder wäscheklammern zusammenbauen oder ‹schraubenmuttern›), habe ich es so verstanden, dass ich den einkauf gestrichen krieg.*

War das wirklich die einzig mögliche Alternative: Stumpfsinnsarbeit oder Einkaufsverbot? Johannes entschied sich jedenfalls gegen diese Art von ‹Normalvollzug›.

Im gleichen Brief dankt er Jürgen für die Fotos von Picassos Bildern ‹Guernica› und ‹Minotauromachie›. Er hat sie an einer für solche Zwecke vorgesehenen Leiste in seiner Zelle befestigt. Jürgen schickte ihm auch mehrmals auf seinen Wunsch Kunstpostkarten, die Johannes dann, mit eigenen Zeichnungen oder Sprechblasen verziert, an Genossen weitersendete oder selbst behielt. Im Lauf der Jahre erwähnte er gelegentlich die fehlenden optischen Reize. Wir brachten ihm jedesmal bei unsern Besuchen Blumen mit. Man mußte sie in einem bestimmten, von der Gefängnisleitung genehmigten Geschäft kaufen und sie wurden von dort zur Anstalt geschickt, wohl damit man keine geheimen Botschaften oder Rauschgift darin verstecken konnte. (Außerdem waren als Mitbringsel nur Zigaretten, die man im Automaten des Gefängnisses ziehen mußte, erlaubt).

Manchmal erwähnte Johannes den Strauß noch einmal schriftlich:

> *Vielen Dank auch noch für die Blumen – sie gehen erst jetzt auf. (Was ich angesichts der Lichtverhältnisse kaum dachte).*

Im März '82 hat er auf den Bogen mit dem Dank für das Geburtstagspaket gepreßte Blätter unseres letzten Straußes geklebt mit einer aus rotem Papier geschnittenen zarten Rose. Diese kleine Collage habe ich mit ein paar andern Erinnerungen, zum Beispiel der blonden Locke seines ersten Haarschnitts vom Dezember 1956, in meinem Schreibtisch aufbewahrt.

Aber natürlich ging es auch weiterhin in unserer Korrespondenz und bei unsern Besuchen nicht vorrangig um Blumen und Paketinhalte. Am 3.5. bat uns Johannes, ob wir ihm ein WHO's WHO IN AMERICA besorgen könnten.

> *ich will ne kleine untersuchung machen über die verschiedenen richtungen innerhalb der us-aussenpolitik. grob gesagt, kann man z.b. feststellen, dass bestimmte öl-multis reagan nach der yom-kippur-krise – opec-gründung – verstärkt unterstützten, bzw überhaupt den hochrüstungskurs; andere kapitalfraktionen – finanz-/bank-kapital, die an ost-westhandel interessiert sind –, unterstützen die ‹tauben› wie warnke, ball, harriman usw., die selbst im bankgeschäft tätig sind. diese auseinandersetzung hat sich nach dem schah-sturz anfang 1979 verschärft, zum durchbruch der hochrüstungsfraktion und zum nato-stationierungsbeschluss geführt.*

Auch ohne WHO's WHO, das wir ihm aus Kostengründen

nicht besorgen konnten, erarbeitete Johannes unter präziser Angabe der Quellen eine Übersicht über die angesprochenen Verquickungen. Man liest da zum Beispiel:

*vize-präsident BUSH ist direktor von*
*– zapata petroleum*
*– first international bank, london und houston*
*– texas gulf*
*– purolator*
*– eli lily corporation*
*(geschätztes netto-einkommen: über 900 000 dollar).*

oder:

*General Alexander HAIG*
*– präsident 79–81 der utc, united technology company, drittgrösste us-firma im bereich der waffenproduktion*
*– director der chase manhattan bank, drittgrösste bank der Welt, in 127 ländern vertreten.*

Johannes übersetzte auch Artikel aus der englischen Ausgabe der Zeitschrift GRANMA, etwa über «Die Macht der Nato in der Karibik» oder schrieb einen größeren Aufsatz (19 eng bedruckte Seiten) über den ‹COUNCIL ON FOREIGN RELATIONS , Reagan und die Nato – zur Kontinuität und Struktur der US-Außenpolitik; einige Angaben anläßlich des Bonner Nato-Gipfels (und zum Verhältnis USA/BRD)›. – Auch zu Polen, über dessen damalige Lage von seinen Briefpartnern ihm zu pauschal geurteilt wurde, erarbeitete er einen längeren Artikel.

Die Mappe mit diesen Texten kam mit den Briefen an seine Genossen erst nach seinem Tod in meine Hände. Ich sehe daraus, was ihn umtrieb und daß er mit seinen begrenzten Quellen aus Zeitungen, Zeitschriften und Büchern versuchte, bis kurz vor seiner Haftentlassung seine Meinungen für sich und seine Genossen draußen klar zu begründen und zu untermauern.

Immer allein in der Zelle, verfolgte er im Radio natürlich

auch intensiv alles, was mit der Friedensdemonstration im Juni in Bonn und mit der Berliner Demonstration gegen den Besuch von Ronald Reagan stattfand. In Berlin wurde ein Teil der Demonstranten von der Polizei eingekesselt und festgenommen und anschließend inhaftiert. Wasser auf die Mühlen der Antiimperialisten.

An ihrem Geburtstag konnten Angehörige einen Extra-Besuch beantragen. Am 12. Juli, meinem Geburtstag, waren wir das letzte Mal bei Johannes im Gefängnis. Trotz mehrerer, auch schriftlicher Anfragen hatte man uns seinen genauen Entlassungstermin nicht mitteilen können. Als ich ihm sagte, daß wir vom 30. Juli bis 14. August mit Freunden einen Urlaub auf Bornholm gebucht hätten, ging ein flüchtiger Schatten über sein Gesicht. Er wußte inzwischen, daß er am 12. August entlassen werden sollte. Er sagte nichts. Ich hatte gehofft, daß sich die Termine nicht überschneiden würden, aber nicht damit gerechnet, daß er ernsthaft enttäuscht sein würde, uns draußen nicht gleich zu sehen.

## Widerstand

Am 14. August antwortet Johannes dann – aus Karlsruhe – auf eine Einladung für den 15. zu uns nach Hause, daß es «wohl nicht hinhauen», er aber «übermorgen abend vorbei kommen» werde. Es ist der letzte Brief von ihm, den ich aufbewahrt habe, von nun an gab es nur noch gelegentliche Zettelchen.

Damit verändert sich die Art meiner Aufzeichnungen. Während ich bislang soviel wie möglich Johannes selbst zu Wort kommen lassen wollte, wird sich mein Bericht nun eher auf meine eigenen Erinnerungen stützen; daraus ergibt sich, daß vieles, was für Johannes wesentlich war, was er in den folgenden zwei Jahren dachte, erlebte und tat, nicht dargestellt werden kann. Denn ich sah ihn nur noch selten. Natürlich habe ich für dieses oder jenes Datum seine Brüder oder zwei seiner Freundinnen befragt, mit denen ich noch in Verbindung stehe. Aber darüber hinaus wollte ich mit meinen Fragen nicht gehen. Denn dies ist ja ein Bericht aus meiner Sicht; ich will kein Puzzle aus «Zeitzeugen»-Bruchstücken zusammensetzen – zumal mir klar ist, wie unterschiedlich das Gedächtnis der Menschen funktioniert und selektiert. Auch wer damals täglich mit ihm zusammen gewesen sein mag, hat vieles vergessen, verdrängt; er idealisiert es vielleicht oder blickt kopfschüttelnd darauf zurück oder ‹will einfach nichts mehr davon wissen›.

Ich habe den ersten Abend mit Johannes in Freiheit als gut und friedlich in Erinnerung. Er sagte uns ehrlich, daß er nicht mehr studieren wolle, und wir sicherten ihm ein Übergangsgeld zu. Er sollte sich in der neuen Situation erst einmal umsehen.

Vom 1. Dezember 1982 gibt es einen Brief von Jürgen, der aber zeigt, wie schwierig sich diese Situation bereits sehr bald entwickelt hatte.

*Lieber Johannes,*

*da Du gesagt hast, Du wärest in Not, wollen wir uns Dir nicht verschließen. Wir geben Dir also die erbetenen 1 000,–DM. Möge es unser Weihnachtsgeschenk sein. Wenn Du nichts dagegen hast, wollen wir noch eine Erklärung hinzufügen. Es fällt mir leichter, dies schriftlich zu tun. Aus dem Stegreif gesprochen und von Gegenreden unterbrochen, könnten vielleicht Schärfen entstehen, die ich auf keinen Fall zwischen uns aufkommen lassen möchte.*

*Ich gehe davon aus, daß Du vor einigen Tagen fragtest, ob wir jemand wüßten, der etwas Geld – ich glaube 500,–DM standen im Raum – für Deine Genossen bereit wäre zu geben. Für uns lehnten wir die Frage ab. Schließlich haben wir Dich in Deiner langen Haftzeit nach besten Kräften unterstützt. Wir haben Dir alle Wünsche erfüllt. Alles in allem war es eine stattliche Summe, die wir aufbrachten. Die Menschen, um deren Unterstützung es Dir jetzt geht, kennen wir nicht. Es leuchtet uns nicht ein, von dem von uns oft schwer erarbeiteten Geld denen etwas abzugeben, die keine Lust haben etwas zu lernen und zu arbeiten und überdies noch diejenigen verachten, die arbeiten wie wir, was uns manchmal auch Deine Einstellung zu sein schien. Wer kein Geld verdienen will, muß – über kurz oder lang – die Erfahrung machen, daß man in Not gerät, aus der man – ohne Demütigungen dieser oder jener Art – kaum wieder herausfinden kann. So ist nun einmal die Realität.- So viel zu Deiner Anfrage vor einigen Tagen.*

*Offenbar ist Deine Notlage daraus entstanden, daß du von dem Geld, das wir und Toni Dir gegeben haben – 3 800,– DM – zum Teil an Deine Genossen weiter gegeben hast. Dieser Betrag hätte ja wohl sonst auch noch über 3 1/2 Monate hinaus reichen müssen. Übrigens war er eigentlich nicht zum reinen Verbrauch gedacht, sondern als Überbrückung, um Dir Zeit zu geben, eine Existenzgrundlage zu finden. Wir sind uns im klaren, daß wir mit unserem heutigen Betrag in erster Linie Deine Genossen unterstützen, was uns kein angenehmer Gedanke ist.*
*Du hast mir auf meinen Hinweis, daß Du in ein bis zwei Monaten voraussichtlich wieder in derselben Situation ohne Geldmittel sein wirst, geantwortet, es solle bei diesem einen Male bleiben. Wir würden Dich gerne bei diesem Wort nehmen.*
*Lieber Johannes, wenn Du die Abhängigkeit von Deinen Eltern, die Deine Ausbildung gern bezahlen würden, wenn Du sie ernsthaft betreiben würdest, und die bisher stets für Dich gesorgt haben, nicht ertragen kannst, so mußt Du wohl die Konsequenzen dieser Einstellung auf Dich nehmen. Und die Konsequenz kann nur sein, daß Du Dich durch Arbeit selbst ernährst. Das wird, ohne etwas gelernt zu haben, von Monat zu Monat schwieriger werden. Wir haben das vor langer Zeit schon vorausgesagt. Solltest Du, ohne alle Möglichkeiten Deiner Arbeitskraft und Deiner Fähigkeiten ausgeschöpft zu haben, zum Sozialfall werden, und das Sozialamt würde sich an uns schadlos halten, so würde das unser Verhältnis auf das Empfindlichste verletzen. Ich hoffe von Herzen, du liest diese Zeilen in Ruhe bis zu Ende und versuchst, auch unseren Standpunkt zu verstehen. Wir sind nach einem nicht immer leichten Leben in ein Alter gekommen, in dem man sich Frieden wünscht, auch in allen persönlichen Beziehungen. Doch wir haben große Sorgen um Dich und auch um Deine Brüder. Es wäre*

*uns schon eine Erleichterung, wenn Du die hier geäußerten Gedanken in Deine Überlegungen für die Zukunft mit einbeziehen könntest.*

*In Liebe*

*Dein Vater.*

Hätte ich nicht die Kopie dieses Briefes, ich wüßte nicht mehr, daß wir so bald nach der Haft schon wieder in diese leidvollen Positionen geraten waren.

Wir sahen Johannes – wie bereits erwähnt – nur noch selten, und wenn, dann gingen wir vorsichtig miteinander um. Wir vermieden allzu eindringliche Fragen. Ab und an aß er bei uns und ließ derweil seine Wäsche durch die Maschine laufen. Oder er lieh sich unser Auto aus.

Jürgen war Ende September 1982 aus seinem Berufsleben verabschiedet worden. Bei der Feier im Karlsruher Schloß habe ich Johannes kurz hinten im Saal gesehen.

Jürgen brauchte gleich ein neues Betätigungsfeld, und wir bereiteten im Winter über Wochen eine Ausstellung unserer Bildersammlung in den großen Atelierräumen unseres Malerfreundes Wolfgang Glöckler vor. Zu unserer Überraschung und Freude tauchte Johannes bei der Eröffnung am 4. Februar in der Lachnerstraße auf. Dort sind die letzten Fotos von ihm entstanden. Freundlich ernst beugt er sich im Gespräch zu Jürgen hin. Einverständnis zwischen Vater und Sohn.

Aus der Bemerkung eines befreundeten Künstlers, der wohl annahm, ich sei eingeweiht, habe ich ein paar Tage später den Verdacht geschöpft, daß Johannes dort Freunde von uns um Geld für seine Genossen oder für was auch immer gebeten hat. Ich habe mich geschämt, und ich war enttäuscht. Ich weiß nicht, ob ich es Jürgen, der sich über Johannes' Kommen sehr gefreut hatte, damals gleich erzählt habe.

Auch andere Begegnungen kann ich an meinen alten Terminkalendern festmachen. Während ich wegen einer

Schilddrüsenoperation im April 1983 im Krankenhaus lag, hatte ich Johannes unser Auto geliehen, das er auf dem Klinik-Parkplatz zurückließ, denn er sollte mich nach der Entlassung abholen. Er hatte dann aber, als ich – allerdings vorzeitig – nach Hause wollte, ‹keine Zeit›. Bald darauf, in Gegenwart von Margrit Sch., die Johannes zum Essen mitgebracht hatte, zog ich einen Vergleich zwischen dem Einsatz der Mütter für die Gefangenen, der ja von diesen meines Wissens ziemlich selbstverständlich hingenommen worden sei, mit der umgekehrten Situation: Wären die Töchter und Söhne im Notfall auch für ihre Eltern da? Es sei doch zum Beispiel etwas eigenartig, daß ich mich als Mutter von zwei Söhnen, die in der gleichen Stadt wohnten, allein aus dem Krankenhaus hätte nach Hause chauffieren müssen. Ich weiß nicht, warum sich mir diese Szene so eingeprägt hat – Johannes am Eßtisch mir gegenüber, Margrit rechts von mir (sie hatte mir gerade ihre eigene Schilddrüsen-Operationsnarbe gezeigt). Sie wechselten einen irritierten Blick, vielleicht, weil mein Verhalten eigentlich nicht meinen Gewohnheiten entsprach – ich muß ziemlich gereizt gewesen sein. Jedenfalls hatte meine Feststellung Johannes zum Nachdenken gebracht. Ich bekam bald darauf den wohl ersten und einzigen Blumenstrauß unseres gemeinsamen Lebens von ihm. Obwohl es Gerbera waren, die ich eigentlich nicht besonders mag, habe ich mich sehr darüber gefreut.

Im Frühjahr 1984 bat Johannes uns um ein Treffen in einem chinesischen Restaurant in Ettlingen. Dort ließ er uns wissen, daß wir ihn in nächster Zeit nicht erreichen könnten. Nach dem Essen verabschiedeten wir uns sehr ernst. Ich wußte, er wollte untertauchen. Doch wußte ich natürlich nicht: War er einer Straftat verdächtig, also flüchtig, oder war er in die Vorbereitung einer Tat verstrickt?

Von nun an hatte ich immer Angst um ihn – als Grundstimmung. Darüber lag wie eine Art dämpfende Zwischenschicht Resignation. Und auf der Oberfläche funktionierte alles einigermaßen. Ich arbeitete für die Schule, wir hatten Gäste, gingen ins Theater, in Ausstellungen, ins Kino. Wir verreisten. Wir waren auch fröhlich – alles meistens von viel Weinkonsum und von Schlafstörungen in den Nächten begleitet.

Einmal oder zweimal bekam ich eine Botschaft von Johannes. Er brauche einen handgestrickten Pullover, und wem ich den wann geben solle. Ich schloß daraus, daß es ihm nicht gut ging: Er hatte es kalt und kein Geld, lebte aber wohl nicht allzu weit von uns entfernt. Ich kaufte blaue Wolle und strickte selbst den Pullover ziemlich eilig, grobmaschig, ich glaube, er geriet etwas zu knapp. Möglicherweise sollte ich kein Kleidungsstück kaufen, damit es nicht als Indiz dienen konnte, wann und wo es erworben worden war – falls man Johannes fassen würde? Ich wußte es nicht.

Eines Tages sagte mir jemand, den ich gut kenne, Johannes käme zurück, wolle aber vorher testen, ob er und ob wir observiert und unser Telefon abgehört würden. Er werde mich zunächst in der Schule anrufen und sein Kommen ankündigen, zum vereinbarten Zeitpunkt dann aber nicht eintreffen. Je nach stattfindender oder ausbleibender Reaktion der Polizei werde es weitergehen. Die Polizei rührte sich nicht. Nun sollte ich dann und dann zu Hause am Telefon sagen, wenn jemand nach ihm fragte, ja, Johannes sei da, aber gerade in der Badewanne. Auch daraufhin rückte die Polizei nicht bei uns an. Dann hatte ich einen unfrankierten, also persönlich eingeworfenen Brief von Johannes im Briefkasten. Und schließlich erschien er selbst. Ich war sehr erleichtert. Viele Fragen durften wir natürlich nicht stellen.

Johannes wohnte in den nächsten Wochen wieder bei uns, er zog in unser Gastzimmer im Souterrain ein, aß mit uns, ging, glaube ich, mindestens anfänglich kaum aus dem

Haus, empfing oft Freunde oder Freundinnen, von denen ich zwei etwas näher kennen lernte, Margrit und Claudia, die mir untereinander in einer Art Konkurrenzverhältnis zu stehen schienen. Johannes ließ sich, wenn Jürgen Besorgungen machte, Zeitungen und Zeitschriften mitbringen und saß den Hauptteil des Tages in seinem Zimmer unten und schnitt Artikel und Nachrichten aus, sortierte und schrieb. Ich äußerte dann schon mal, daß meiner Meinung nach seine Lebenssicht aus der Balance geraten müsse, wenn er acht Stunden am Tag alles Unrecht und Unglück, das auf der ganzen Welt geschehe, in sich hineinfräße.

Ich wußte nicht, was er vorhatte. Zunächst wollten wir ihm Zeit lassen. Wir waren ja froh, daß er freiwillig und ungeschoren wieder aufgetaucht und bei uns war.

Ich erinnere mich an einen warmen Frühsommerabend. Jürgen und ich saßen auf dem schmalen Balkon. Johannes kam erregt nach Hause, setzte sich zwischen uns in der Tür auf den Boden. Er hatte gehört, daß es Siegfried Haag sehr schlecht gehe. Er habe ihn vorher gar nicht gekannt, aber Haag habe ihm eine Zeitlang im Knast sehr geholfen. Er sei zu fünfzehn Jahren verurteilt und habe acht Jahre hinter sich. Er wolle jetzt in Normalvollzug gehen, wohl um die Entlassung nach zwei Dritteln der Haftzeit zu erreichen. Es muß ein Schock für Johannes gewesen sein: Sein langer Kampf für die Zusammenlegung der Gefangenen, die vielen Aktionen, seine Haftzeiten, die Hungerstreiks – die der andern und seine eigenen – , alles, was er selbst auf sich genommen hatte, war in Frage gestellt, als einer der wichtigen Beteiligten die gemeinsamen Ziele aufgab. Er wollte Haag besuchen. Ob er dazu Erlaubnis erhalten hat, weiß ich nicht mehr. Es wäre sicher wichtig für ihn gewesen, selbst mit Haag zu sprechen.

An diesem Abend war Johannes ganz offen. Wahrscheinlich habe ich aber gleich wieder die Gelegenheit benutzt, meine

Vernunftgründe fürs Aussteigen anzubringen in einer Form, die ihm zeigte, daß ich ihn im Kern doch nicht verstanden hatte.

Darüber habe ich immer wieder nachgedacht, damals und später – ob er in diesen Wochen vielleicht doch noch schwankte oder ob er bereits entschlossen war, sich nie von seinen Genossen zu trennen, weiterzumachen. Zwar war er immerhin aus der Illegalität wieder aufgetaucht, gehörte also nicht zur «Guerilla», die ihren bewaffnten Kampf aus dem Untergrund führte. Auf der andern Seite war er durch drei Jahre und vier Monate im Gefängnis, größtenteils in Isolationshaft, so geprägt, daß ein Aufgeben im Kampf gegen die Unterdrückung durch den Staat kaum von ihm zu erwarten war.

Lange nach Johannes' Tod habe ich ein ausführliches Interview mit Siegfried Haag in der Frankfurter Rundschau gelesen (vom 2. September 1986), das mir die Schwierigkeiten eines Gefangenen bei dem Gedanken an Umkehr recht gut zu beleuchten scheint. Haag war damals fast zehn Jahre in Haft.

> *Haag: ... wenn man unter solchen Umständen gefangengenommen worden ist und eine Anklage bekommen hat, muß man sich damit auch auseinandersetzen. Man fängt also an, sich all die Begründungen und auch gedanklichen Voraussetzungen unter Umständen nachträglich zu erarbeiten, weil dies dazu gehört, um eine positive Einstellung zu dem zu bekommen, was einem vorgeworfen wird.*
>
> *Haag: ...In einer solchen Situation sagt man sich, jetzt bist du verhaftet, jetzt stehst du auch zu der Sache. Du stehst so gut und so weit dazu, wie es irgend geht.*
>
> *Haag: ...Da ist zum einen die tagtägliche Erfahrung, die einem das Bild, das man vom Staat hat, immer nur bestätigt. Das heißt, der Gefangene, der unter solchen Bedingungen eingesperrt ist, wie das im allgemeinen bei den Angeklag-*

*ten nach §129a der Fall ist, bekommt die Bestätigung für seine Einstellung jeden Tag mitgeliefert.*

*FR: In seinen Augen bleibt der Staat also der absolute Feind?*

*Haag: Richtig. Er ist ja auch der direkten Gewalt dieses Staates unterworfen, in seiner Zelle.*

Haag schildert dann sein Erleben des Hungerstreiks von 1981 (an dessen Ende er ja mit Johannes gesprochen hatte).

*FR: ... Nach dem Tod von Debus wurde von den anderen Gefangenen – ich glaube, der Hungerstreik dauerte über siebzig Tage – die Aktion beendet mit der Begründung, man habe sehr viel erreicht. War das auch Ihre Meinung?*

*Haag: Mich hat diese Begründung damals nicht überzeugt, und ich habe das auch gesagt. Trotzdem befand ich mich in einer Klemme. Auf der einen Seite stand die Einsicht, daß das Konzept und die Aktion falsch waren und daraus zwangsläufig die Niederlage resultierte. Insofern war es also besser, den Hungerstreik zu beenden. Zugleich aber gab es da den Gedanken, als Sigurd Debus gestorben war, es wäre richtiger, nicht aufzuhören.*

*FR: Sie meinen damit die Konsequenz, bis zum eigenen Tode weiter zu hungern?*

*Haag: Das meine ich. Man kann eine Sache auch zu Ende bringen, indem man sie, auch wenn sie sich in ihrem Verlauf als falsch erwiesen hat, für sich persönlich zu Ende führt.*

Dies scheint mir ein Kernsatz zu sein, der in gewisser Weise auch für Johannes zutrifft, zwar nicht während des Hungerstreiks von 1981, aber in den Jahren danach.

Haag hatte sich für das ‹normale Leben› entschieden und hat in der Folgezeit «*die Kritik an uns selbst von innen heraus angepackt*».

*FR: Ein bemerkenswerter Vorgang. Denn immerhin hat der Berliner Psychiater Rasch einmal zu diesem Problem gesagt, die Abschottung in der Haft gäbe eine Rollenzuwei-*

*sung, die es erschwert, die Bindung zur RAF und damit zur Gruppe aufzugeben. War es für Sie eine Erschwernis, allein über alles nachdenken zu müssen, ohne Gesprächspartner, ohne kritische Resonanz?*

*Haag: Das war natürlich eine große Erschwernis, und ich habe auch deshalb an dem Hungerstreik 1981 teilgenommen in der Hoffnung, im Wege der Zusammenlegung endlich mit den anderen Gefangenen all die Fragen, über die man in langen Jahren nicht offen reden konnte, erörtern zu können, um in einen Klärungsprozeß einzutreten, wie immer der auch ausgehen würde.*

Wie wichtig hätte ein solches Gespräch auch für Johannes sein können. Aber damals beim Abbruch des Hungerstreiks war Haag selbst noch nicht so weit gewesen, und später hat sich wohl für Johannes nicht mehr die Gelegenheit zu einer Auseinandersetzung mit Menschen ergeben, die die gleichen Erfahrungen und Probleme hatten wie er selbst.

Wir kamen nicht an ihn heran. Wir wußten nicht, was er mit seinen ein- und ausgehenden Freunden besprach.

Da ich ja noch arbeitete, hatte Jürgen das Einkaufen und Kochen weitgehend übernommen, was ihm an sich viel Spaß machte. Mit der Zeit kam aber bei uns das Gefühl auf, daß Johannes sich von uns bedienen ließ.

Wieso trug er nichts zu unserm gemeinsamen Leben bei? Weder helfend, noch gar finanziell, und vor allem nicht, indem er uns vertraute? Was für eine Beziehung war das zwischen uns? Wer waren die Leute, die gelegentlich im Souterrain unser Bier tranken?

Hätte er gesagt, daß er noch Zeit brauchte, um über seine Zukunft nachzudenken – wir hätten sie ihm mit Freuden zugebilligt. Doch er nahm alles mit einer Selbstverständlichkeit, ja manchmal Arroganz an, als sei dies der von uns zu erwartende Beitrag zur Revolution.

Ich dachte an Walter Benjamin, von dem sein Freund Gershom Scholem nach Benjamins Wendung zum Marxismus 1918 schreibt:

*... Zuerst kam das in einem langen Gespräch über die Frage zutage, wie weit die finanzielle Ausnutzung unserer Eltern gehen dürfe. Benjamins Haltung zur bürgerlichen Welt war von einer Bedenkenlosigkeit, die mich aufbrachte, und trug nihilistische Züge. Moralische Kategorien erkannte er nur in der Lebenssphäre an, die er um sich aufgebaut hatte. (Gershom Scholem: Walter Benjamin – Die Geschichte einer Freundschaft, Suhrkamp 1975)*

Irgendwo kommt in der Literatur, ich glaube, in einem Theaterstück, auch der Satz vor: «Was, du hast Verwandte und nutzt sie nicht aus?» So etwas ging mir nachts durch den Kopf. Oder ich dachte an Max Frischs «Biedermann». Reichten wir aus lauter Ängstlichkeit, sonst nicht mehr geschätzt zu werden, den Brandstiftern auch noch die Zündhölzchen? Oder war das zu weit hergeholt und hatte mit meinem Verhältnis zu Johannes nichts zu tun? Oder doch? Schlaflose Nächte sind lang.

Nach etwa sechs Wochen kam der Punkt, an dem Jürgen und ich Klarheit darüber haben wollten, was Johannes eigentlich tat, und an dem wir unsern Sohn nicht mehr in dieser Form unterstützen wollten. Wir überlegten uns vorher genau unsere Argumente und setzten uns mit ihm zu einem Gespräch zusammen.

Er sollte sich konkret über seine Pläne äußern. Er war ein gesunder achtundzwanzigjähriger Mann. Wir sagten ihm, daß er nach unserer Meinung nun anfangen solle, seinem Leben eine Struktur zu geben und zunächst einmal selbst für seinen Unterhalt zu sorgen. Das Ganze endete damit, daß er aus dem Zimmer stürmte und noch in der selben Nacht das Haus verließ.

Natürlich hatte ich wieder das Gefühl, alles falsch gemacht, ihn weggejagt zu haben. Doch relativ bald erschien er mit Claudia, um Sachen zu holen. Ich forderte ihn auf, das Zimmer unten aufzuräumen, wir brauchten es demnächst für Verwandte auf der Durchreise. In der Haustür sagte er noch spöttisch zu mir, ich weiß nicht mehr, warum ich das so genau vor mir sehe und im Ohr habe: «Du mit deinem protestantischen Arbeitsethos.» Das muß Ende Juni gewesen sein, denn der Besuch meiner Verwandten steht am 4. Juli in meinem Terminkalender.

Es stellte sich bald heraus, daß die Kluft nicht tiefer als vorher war. Johannes ludt uns im August zum Abendessen in die Bleibe ein, die er sich im Hinterhof des Hauses in der Luisenstraße, in dem Clemens' Freundin wohnte, in einer Werkstatt eingerichtet hatte. Es war wirklich erstaunlich, wie einfallsreich und geschickt er es sich dort wohnlich gemacht, den Fußboden isoliert, selbst gebastelte Lampen angebracht hatte. Alles Nötige war vorhanden, ein großes Bett, ein Fernseher und ein Plattenspieler, eine kleine Küche mit Herd, Regal und Tisch.

Bilder aus unserer Sammlung und Grünpflanzen verschönerten die beiden Räume. Claudia und Johannes kochten. Als er uns zum Schluß einen Whisky anbot, lehnten wir allerdings ab. Wir mußten annehmen, daß er ihn, wie einige andere Dinge auch, geklaut hatte, sagten das auch und ernteten ein verschmitztes Lächeln. Wie seit vielen Jahren, nur in einer neuen Variante, empfanden wir einmal mehr eine Mischung aus freundlichem Zugeneigtsein und völligem Unverständnis.

Wir sahen Johannes hin und wieder und lebten im übrigen unser eigenes Leben mit vielen Unternehmungen zusammen mit unsern Freunden, dazu gehörte unter anderem auch eine Griechenlandreise in der zweiten Augusthälfte, wie ich meinem Terminkalender entnehme – Versuch der Normalität. Am 21. Dezember steht dort: Clemens und Jo-

hannes Hasenbraten. Wir hatten die Söhne zu einem Vorweihnachts-Essen eingeladen, da wir über die Festtage Jürgens Schwester in Halle besuchen wollten.
Im Nachhinein hat die Situation etwas Unwirkliches, daß Johannes zu dem Zeitpunkt, als wir gemütlich gemeinsam unsern Hasen mit Rotkraut verzehrten, seinen späteren Anschlag schon geplant und vorbereitet haben muß.
Ich habe sein Verhalten uns gegenüber später aber nicht eigentlich als «Täuschung» empfunden. Es ist wohl in vielen Familien so, daß erwachsene Kinder ihren Eltern das Wichtigste aus ihrem Leben nicht erzählen und trotzdem freundlich mit ihnen umgehen. Und für Johannes wäre es in diesem Fall ja vollkommen unmöglich gewesen zu reden. Zudem kannten wir unsere wechselseitigen Ansichten zur Genüge; warum also beim Weihnachtsessen wieder politisch streiten? Es war alles gesagt. Wir hatten gelernt, uns gegenseitig in unserer Identität zu respektieren, und wir wußten, daß er uns zugetan war. Er brachte Jürgen einen schönen schwarzpolierten Lavastein mit einem Einschluss von Insektenfühlern, einen ‹Handschmeichler›, mit und mir die gerade erschienene autobiographische Schrift von Winnie Mandela, der Frau des seit über zwanzig Jahren gefangenen Nelson Mandela: «Ein Stück meiner Seele ging mit ihm» – liebevoll ausgedachte Geschenke.
Wie meistens beim Abschied legte ich ihm die Hände auf die Schultern und sagte: «Paß auf dich auf.» Und seine Augen verschleierten sich nachdenklich für einen Moment.
Danach habe ich Johannes nur noch ein Mal gesehen.
Am Mittwach, 30. Januar 1985, schrieb ich in mein wieder aufgenommenes Tagebuch:

> *Heute vor zwei Wochen kamen Johannes und Claudia abends bei uns vorbei, aßen hungrig von Jürgen rasch bereitetes Rührei und tranken etwas Rotwein. Wir führten unsern neuen Plattenspieler vor, dessen Lautsprecher aber*

*noch nicht ganz funktionierten. Johannes versprach, sich darum zu kümmern. Wir hatten gerade mit Clemens gegessen. Ich sagte, ich wolle lieber dableiben, wenn sie noch Zeit hätten. (Wir hatten uns, um uns um die kranke L. zu kümmern, bei ihr zu einem Fassbinder-Film verabredet). Aber sie sagten, sie müßten fort, sie kämen nächste Woche wieder. Jürgen, chevaleresk zu Claudia: «Sie sind uns immer willkommen, mit Johannes oder auch allein.» Ich sagte zu ihr: «Hoffentlich kommt es nicht mal so, daß du allein kommen mußt.» Ich dachte daran, daß sie ihn vielleicht mal wieder einsperrten. Die beiden sahen sich an. – Wir verabschiedeten uns nur mit Händedruck – nicht wie sonst immer mit Umarmung –, weil die beiden noch am Tisch saßen.*

*Am Freitag, als ich aus der Schule kam, fand ich einen Zettel von Johannes auf meinem Schreibtisch: «Ich hab schon mal Wäsche vorbeigebracht, die ich (wahrscheinlich) am Montag wasche, dann schau ich auch mal nach der Antenne. Gruß J.».*

Am Montag war er tot.

## Tod

Wie es zu seinem entsetzlichen Ende gekommen war, erfuhren wir bruchstückhaft zunächst von der Polizei, in den folgenden Tagen durch die mehr oder weniger sensationell, zum Teil blutrünstig aufgemachten Zeitungsberichte und später in dem Prozeß gegen Claudia.

Die politischen Gefangenen befanden sich bereits seit dem 4. Dezember 1984 wieder im Hungerstreik. Um darauf aufmerksam zu machen und um Solidarität zu bekunden, hatten im Dezember und Januar eine Reihe von Brand- und Sprengstoffanschlägen, vornehmlich gegen Einrichtungen des Militärs und der Rüstungsindustrie, stattgefunden, zu denen sich «Revolutionäre Zellen» und «Antiimperialistischer Widerstand» bekannten, ebenso wie Plakat- und Flugblattaktionen und Demonstrationen. Die Anschläge waren alle nachts und offenbar – laut Bundesanwaltschaft – unter bewußter Vermeidung von Personenschäden verübt worden bis auf einen, glücklicherweise fehlgeschlagenen, zu dem sich die RAF selbst bekannte.

Bei der Schilderung von Johannes' und Claudias Plan referiere ich jene des 5. Strafsenats am Oberlandesgericht Stuttgart in der Urteilsbegründung vom 23. Januar 1986 zu acht Jahren Haft für Claudia.

> *Am 20. Januar 1985, auf dem Höhepunkt des Hungerstreiks, explodierte in Stuttgart-Möhringen eine Bombe. Dabei wurde Johannes Thimme getötet. Die Angeklagte wurde auf der Flucht noch im Tatortbereich festgenommen. Dem war folgendes vorausgegangen:*

*Johannes Thimme und die Angeklagte, welche sich beide berufen fühlten, zur Förderung des antiimperialistischen revolutionären Prozesses in der Bundesrepublik Deutschland, einer – wie sie es sahen – Metropole des Kapitalismus und Imperialismus, durch militanten Widerstand beizutragen, kannten und billigten die Zielsetzung des Hungerstreiks. Die Mobilisierung und Vereinheitlichung der antiimperialistischen Kräfte zu einer möglichst europaweiten Front des militanten Widerstands lag ihnen selbst am Herzen. Deshalb und aus Solidarität mit den Gefangenen, denen sie Erfolg auch bei ihren propagandistisch in den Vordergrund geschobenen Bemühungen um Verbesserungen der Haftsituation wünschten und nach Möglichkeit verschaffen wollten, entschlossen sie sich, dem Hungerstreik mit einem spektakulären Sprengstoffanschlag Resonanz zu geben …*

*Als Anschlagsobjekt wählten die Täter – ob außer Thimme und der Angeklagten noch weitere Personen beteiligt waren, ist unbekannt – das vierstöckige Bürohaus Schulze-Delitzsch-Straße Nr. 28 am Stadtrand von Stuttgart-Möhringen. Hierbei handelt es sich um ein rein gewerblich genutztes einschließlich des Erdgeschosses vierstöckiges Gebäude … (es) beherbergte neben anderen Firmen auch ein Rechenzentrum … Außerdem hatte dort bis November 1984 eine Niederlassung der Deutschen Forschungs- und Versuchsanstalt für Luft- und Raumfahrt e.V. ihren Sitz gehabt. Sie, deren Auszug ihnen verborgen geblieben war, wollten die Täter eigentlich treffen.*

*Die Gefährdung von Menschen glaubten die Beteiligten hier durch entsprechende Wahl der Anschlagszeit vermeiden zu können. Die Schulze-Delitzsch-Straße führte als Anliegerstraße durch kaum bewohntes Industriegebiet. Umgeben war das Anschlagobjekt hauptsächlich von Fabrikationshallen und gewerblichen Verwaltungsgebäuden.*

*Außerhalb der Geschäftszeiten herrschte nur wenig Personen- und Fahrzeugverkehr.*
*Deshalb starteten Thimme und die Angeklagte, welche sich als vollwertige und gleichberechtigte Tatgenossin fühlte, ihren «Angriff» am Abend des 20. Januar, einem Sonntag. Bei schon völliger Dunkelheit und augenblicklich menschenleerer Straße nahten sie kurz nach 18 Uhr ihrem Ziel. Sie waren zu Fuß. In einem mitgeführten Kinderwagen transportierten sie die für den Anschlag vorgesehene, selber zusammengestellte Sprengvorrichtung.*

(Es folgt eine Beschreibung dieses Gegenstands.)

*Unwiderleglich hatten die Täter das Anschlagsobjekt längere Zeit observiert und dabei beobachtet, daß in dem Gebäude an Wochenendnächten, speziell von Sonntagen auf Montage, niemand zu arbeiten pflegte; daß außerdem zwar auch in solchen Nächten regelmäßig ein Wachmann des Nachtwach- und Schließdienstes Kontrollgänge im und um das Gebäude machte, er jedoch während bestimmter Zeitspannen etwa nachts zwischen 1 Uhr und 3 Uhr, nicht erschien. Um auch insoweit sicherzugehen, sollte – wie die Angeklagte unwiderleglich vorbringen ließ – die Schaltuhr so gestellt werden, daß die Zündung am 21. Januar 1985 zwischen 1.30 Uhr und 2.30 Uhr erfolgen mußte…*
*Entsprechend dem Tatplan begannen Thimme und die Angeklagte gegen 18.15 Uhr damit, den Sprengsatz in einem der Licht- und Luftschächte, etwa vor der Mitte der Gebäudefront, einzurichten. Dabei kam es, als Thimme sich gerade über die Sprengvorrichtung beugte, zu einer für die Beteiligten völlig überraschenden vorzeitigen Explosion…*
*Thimme wurde bei der Explosion getötet. Teile seines zerfetzten Körpers wurden in großem Umkreis verstreut. Die allenfalls wenige Meter entfernt befindliche Angeklagte zog sich dagegen nur verhältnismäßig geringfügige Verletzungen zu.*

Da Jürgen mit Freunden in Skiurlaub gefahren war, war ich allein, als es in der Nacht zum 21. Januar gegen drei Uhr an unserer Haustür klingelte. «Polizei!». Vier Beamte betraten die Wohnung. Einer in Zivil wollte mit mir «unter vier Augen» sprechen. Er teilte mir mit, daß Johannes tot sei und auf welche Weise er ums Leben gekommen war. Als die Beamten weggingen, war es vielleicht kein Zynismus, sondern eher sprachliche Hilflosigkeit, daß er mir «gute Nacht» wünschte.

Ich erreichte Jürgen telefonisch um 7 Uhr morgens im Hotel. Um 9 Uhr rief mich Clemens vom Polizeipräsidium aus an. Er war nachts um 1/2 1, als er seine Freundin nach Hause brachte, mit ihr zusammen festgenommen worden, ohne Begründung. Daß Johannes tot war, hatte er gerade erst erfahren, ehe er mich anrief.

Clemens hoffte, gegen Mittag freigelassen zu werden, was dann auch geschah. Ich rief Christian an. Er weinte. Ich konnte nicht weinen. *«Als ob ich in dem Augenblick, als die Bullen hereinkamen (ich kann sie danach auch nur noch Bullen nennen)»*, schrieb ich fünf Tage später in mein Tagebuch, *«innerlich erstarrt sei. Alles ist so unwirklich. Ich hatte nur das Gefühl: Die wollen etwas von mir! Hart sein! Und bin immer noch ganz steif.»*

Johannes wurde am 24. Januar auf dem Ettlinger Friedhof beerdigt. Obwohl wir den Termin nicht offiziell bekannt gegeben hatten, kamen viele Menschen. Da dem Gemeindepfarrer nichts von einem Kirchenaustritt von Johannes bekannt war (erst viel später fand ich bei seinen Asservaten die Austrittsbescheinigung vom Juni 1979), beschlossen wir eine christliche Trauerfeier und baten unsern Freund Hans Peter Alt, der Johannes in Erlangen getauft hatte, die Grabrede zu halten. Er stellte sie unter das Wort: «Richtet nicht, auf daß ihr nicht gerichtet werdet!».

Auf Christians Vorschlag las er zum Schluß Bert Brechts Gedicht «An die Nachgeborenen», das mit den Zeilen endet:

*Ihr aber, wenn es so weit sein wird*
*Daß der Mensch dem Menschen ein Helfer ist*
*Gedenkt unsrer*
*Mit Nachsicht.*

Wir hatten Johannes' Freunde über Clemens wissen lassen, daß sie zwar kommen könnten, wir aber keine Demonstration von Genossen bei der Trauerfeier wünschten. Sie möchten später kommen. Bis zum Abend, als wir noch einmal zum Grab gingen, befand sich der Friedhof unter starker polizeilicher Bewachung.

Über die große Veranstaltung zum Hungerstreik mit dem Abschied der Genossen von Johannes zwei Tage später berichtete die Süddeutsche Zeitung:

*Am Samstag demonstrierten in Karlsruhe rund 2 000 vorwiegend junge Leute für die Zusammenlegung der Häftlinge der «Roten-Armee-Fraktion» (RAF). Die Demonstranten – unter ihnen auch die Mutter und Schwester von Christian Klar – zogen mit Transparenten und Fahnen durch die Innenstadt und skandierten Schmähverse insbesondere gegen die Bundesanwaltschaft, aber auch gegen die USA. Das Gelände rund um den Gebäudetrakt, in dem die Bundesanwaltschaft und der Bundesgerichtshof untergebracht sind, war von der Polizei, die an diesem Tag mit rund 1500 Mann im Einsatz war, abgeriegelt worden. Nach dem Ende der Demonstration, die ohne Zwischenfälle verlief, besuchten noch etwa 200 Demonstranten in der benachbarten Stadt Ettlingen das Grab des am Donnerstag auf dem Ettlinger Friedhof beerdigten Johannes Thimme, der sich bei einem Bombenanschlag auf ein Rechenzentrum in Stuttgart-Vaihingen selbst in die Luft gesprengt hatte.*

Zu der Demonstration war mit einem Flugblatt «Wir trauern um unseren Genossen Jonas Thimme» aufgerufen worden. Arndt M. sprach zu Johannes' Gedenken. Er erinnerte daran, daß Johannes schon seit 1973, als die Anwälte vor dem Bundesgerichtshof demonstriert hatten, dabei gewesen sei, und an seine beiden Knast-Zeiten und fuhr fort:

*Er war, das ist auch klar, nicht der durch und durch von Widersprüchen freie Typ, aber er hatte einen Blick für die Situationen, in denen gehandelt werden muss, in denen man sich nicht rauslassen darf.*

Margrit Sch. brachte mir später eine Cassette mit der Musik, die Johannes besonders gemocht und die sie zusammengestellt hatte: Jimmy Hendrix, Rolling Stones, Rory Gallagher, Clash, Jimmy Cliff, Eric Burdon, Helen Schneider, Ruts, Otis Redding, Bob Dylan. Unter diesen Klängen waren die Genossen zum Grab gezogen. Rund um den Friedhof stand ein riesiges Aufgebot von Polizeiwagen mit Videokameras.

Für Jürgen und mich ist es eine große menschliche Erfahrung gewesen, daß wir – bis auf einen einzigen anonymen Anruf und vielleicht ein paar eher ungeschickte Bemerkungen – in den langen Jahren von Johannes' Haft und nach seinem Tod keine bösartigen oder hämischen Worte von andern gehört haben. Mag auch einiges hinter unserm Rücken über uns geredet worden sein ... uns selbst ist – bei allem Nichtbegreifen der Tat – ausschließlich mit Freundlickeit, Verständnis und Hilfsbereitschaft begegnet worden, und viele Menschen haben in Liebe an Johannes gedacht. Eine seiner früheren Lehrerinnen schrieb: «Glauben Sie mir, ich war nicht die einzige im Lehrerzimmer, der die Tränen in den Augen standen.»

Es hat mich bewegt, daß mehrere Mütter erwachsener Kinder dem Sinn nach sagten, was eine Freundin so ausdrückte:

*«Es hätte auch mein Sohn sein können.»*